Weihnachten erzählen

80 Vorlesegeschichten für Gottesdienst, Schule und Gruppe

Willi Hoffsümmer (Hg.)

Weihnachten erzählen

80 Vorlesegeschichten für Gottesdienst,
Schule und Gruppe

Matthias Grünewald Verlag

VERLAGSGRUPPE PATMOS

PATMOS
ESCHBACH
GRÜNEWALD
THORBECKE
SCHWABEN

Die Verlagsgruppe
mit Sinn für das Leben

Für die Schwabenverlag AG ist Nachhaltigkeit ein wichtiger Maßstab ihres Handelns. Wir achten daher auf den Einsatz umweltschonender Ressourcen und Materialien. Dieses Buch wurde auf FSC®-zertifiziertem Papier gedruckt. FSC (Forest Stewardship Council®) ist eine nicht staatliche, gemeinnützige Organisation, die sich für eine ökologische und sozial verantwortliche Nutzung der Wälder unserer Erde einsetzt.

Alle Rechte vorbehalten
© 2012 Matthias Grünewald Verlag der Schwabenverlag AG, Ostfildern
www.gruenewaldverlag.de

Umschlaggestaltung: Finken & Bumiller, Stuttgart
Umschlagabbildung: © photocase.com/suschaa
Druck: CPI – Ebner & Spiegel, Ulm
Hergestellt in Deutschland
ISBN 978-3-7867-2938-9

Inhalt

Den Tannenbaum schmücken

Ich verkünde euch eine große Freude

Engel auf den Feldern singen

Ihr Hirten, erwacht

Tiere an der Krippe

Schenken beschenkt einen selbst

Ein Stern ist aufgegangen

Ein Wort zuvor

. . . .

Eine rabbinische Weisheit sagt:

>>Es gibt nichts,
das die Seele so ermutigt,
das Herz so läutert,
in die Tiefe der Gedanken so vordringt,
das Gewissen schärft,
den Menschen weise macht
und Gott näherbringt
als eine Geschichte!<<

Wie könnte man deshalb besser vom Geheimnis der Weihnacht erzählen als in Geschichten? Geschichten, die unser Herz erfüllen möchten und die das Wunder für uns erschließen, nämlich: dass der große Gott sich als kleines Kind offenbart. Und dass in jeder menschlichen Begegnung der göttliche Funke aufleuchten kann, der unserem Miteinander neue Hoffnung gibt.

Allen Geschichten dieses Buches ist eine kurze Hinführung vorangestellt. Für den Einsatz in Gottesdienst, Schule und Gruppe ist die Vorlesedauer angegeben, ebenso, welche Geschichten sich für besondere Altersgruppen eignen.

So hoffe ich, dass dieses Buch dazu beitragen kann, den Hörerinnen und Hörern das Herz weit zu öffnen für die Botschaft von Advent und Weihnachten.

Ihr
Willi Hoffsümmer

Wachet auf, ruft uns die Stimme

.   .   .   .

1. Das Kind

Thema | Das Kind von Bethlehem kann die Herzen berühren
Vorlesedauer | ca. 4 Minuten
Hinführung | Wie ein Kind die Menschen verändern kann, zeigt folgende Geschichte:

»Wach auf!« Der Mann dreht sich zur Seite. Er will weiterschlafen.

»Wach auf, es brennt!« Die Frau steht am offenen Fenster. »Es muss der Stall hinter dem Hügel sein«, sagt sie, »unser alter Heuschober.«

»Lass ihn brennen! Ein paar morsche Bretter, eine Futterkrippe und ein Dach aus Stroh, was soll's!« Er zieht die Decke über den Kopf. Er ist satt und zufrieden. Und er ist müde.

Das Haus ist besetzt – es gibt kein besseres in Bethlehem – voll wohlhabender Gäste. Den ganzen Tag hat er vor ihnen gebuckelt, Freundlichkeit gemimt, Knechte und Mägde herumgejagt ... Und den ganzen Tag stand die Frau in der Küche, hat gegart und gebraten und gebacken.

Es hat sich gelohnt. Die Geldtruhe ist voll. Redlich verdientes Geld. Auch die Frau darf satt und zufrieden sein.

»Leg dich wieder hin«, brummt der Mann. Doch die Frau bleibt am Fenster stehen, starrt in die Nacht hinaus, sieht den von einem unsichtbaren Feuer erleuchteten Himmel, erinnert sich plötzlich an die Fremden, vor allem an die hochschwangere Frau. Der Wirt hat dem Paar für eine Nacht den Stall vor der Stadt überlassen. Aus Mitleid wohl, sie war wütend geworden.

»Leute, mit denen man immer wieder Ärger hat, Diebe sogar ...«

Er hat sie ausgelacht. »Der alte Heuschober. Da gibt es nichts zu stehlen, es sei denn ein wenig Heu und Stroh. Das mag ich ihrem Esel gönnen.«

An Feuer hat er nicht gedacht, triumphiert die Frau. Nein, an Feuer hat er nicht gedacht. Leben sie noch? Ist das Kind zur Welt gekommen? Das vor allem! Ist das Kind zur Welt gekommen? Die Frau schlägt einen Mantel um die Schultern, tappt an den Zimmern der schlafenden Gäste vorbei, hastet durch die Gassen der Stadt, über einen Acker, den Hügel hinan.

Der Mann greift mit der Hand ins Leere. Dann steht er auf, steht wie die Frau allein am offenen Fenster, sieht diesen Himmel über dem Hügel. Auch er schlägt sich einen Mantel über die Schultern, tappt an den Zimmern der schlafenden Gäste vorbei, hastet durch die Gassen der Stadt, über einen Acker und den Hügel hinan.

Doch es ist nicht der Stall, der brennt. »Es ist der Himmel!«, schreit er.

Er rennt den Hügel hinunter, drängt sich zwischen einer Schar Hirten hindurch, sieht seine Frau, die vor einer Krippe kniet, einem Kind über die Wange streichelt, schwesterlich vereint mit der Frau, die es geboren hat.

Seine Frau, die Schwangere nie ausstehen konnte, die auf dem Platz vor der Herberge keine spielenden Kinder duldete! Er wagt nicht, sich zu rühren, bis ein anderer Mann ihm die Hand entgegenstreckt, sich bedankt. Wofür denn? Im windigsten seiner Schober hat er ihm und der Frau Herberge gewährt, ein Dach nur …

Und unter diesem Dach kniet nun auch er zwischen den armen Hirten und seiner Frau vor der Krippe nieder, wird nicht müde, sich an dem Kind satt zu sehen.

Als der Morgen dämmert und der brennende Himmel erlöscht, kehren der Mann und die Frau nach Hause zurück, um sich um die Gäste zu kümmern, Pflichten zu erfüllen.

Sie brauchen Zeit, um einander zu gestehen, was sie bewegt. Das fremde Kind hat sich in ihr Innerstes eingenistet bis in alle Ewigkeit.

Max Bolliger

2. Mein Stock

Thema   Gutes, das wir nicht tun

Vorlesedauer   ca. 3 ½ Minuten

Hinführung   Manches Mal merken wir erst zu spät, dass es auf unsere Hilfe angekommen wäre.

Mein Stock hängt an einer Lederschlaufe neben der Tür. Viele Stöcke hängen da, denn ich komme selten von einer Reise zurück, ohne einen tüchtigen Stecken mitzubringen, den ich mir irgendwo unterwegs geschnitten habe. Es weht mich warm an, wenn ich einen wieder in die Hand nehme ...

Der Stock, von dem ich eigentlich reden wollte, der mit der Lederschlaufe, kam auf seltsame Weise in meinen Besitz, es ist keine rühmliche Geschichte.

Einmal im Winter, an einem stürmischen Abend, klopfte es noch an die Tür. In solchen Zeiten lasse ich gern das Licht vor dem Haus brennen, damit mir die Nacht nicht zu nah an die Fenster kommt. Nun ging ich also verdrossen, um nach diesem späten Gast zu sehen. Der Wind riss mir gleich die Klinke aus der Hand, Treibschnee fegte in den Flur, ein verteufeltes Wetter. Draußen stand ein alter Mann auf den Stufen, ich kannte ihn. Er kam oft vorüber, klopfte und hielt mir die Hand entgegen. Nie sagte er ein Wort des Grußes oder des Dankes, er sah mich nur an mit seinen wässerigen Trinkeraugen, und ich gab ihm, was mir eben einfiel, ein Endchen Wurst oder etliche Groschen aus der Hosentasche. Über der Schulter trug er einen Stock und daran hing ein Sack; aber was mich jetzt ärgerte, war sein kahler Kopf, es lag ihm wahrhaftig schon Schnee auf dem Schädel. Da nahm ich meine wollene Haube vom Haken, ein wenig schwankte der Alte, als ich ihm die Mütze über die Ohren zog, und dann ging er wortlos davon, wie die leibhaftigen guten Werke. Das aber war der Augenblick, in dem ich mich hätte besinnen müssen. Ich hätte an die rückwärtige Kammer denken sollen, o ja, ich dachte auch daran.

Dort stand ein leeres Bett bereit, Tisch und Stuhl für einen Gast, und es war warm und behaglich in dieser Stube. Es gab auch noch Suppe in der Küche oder ein Butterbrot und eine halbe Flasche Bier auf dem Fensterbrett. Aber zugleich dachte ich an mein sauberes Haus und dass dieser Kerl hereintappen würde, nass und dreckig und weithin nach Branntwein stinkend. Wie er seine Fetzen auf den gewachsten Boden fallen ließe und unter das frische Leintuch kröche, mitsamt seinem Grind und seinen Läusen. Und da schlug ich die Tür zu und ließ das ganze Unbehagen draußen, Sturm und Kälte und alles miteinander.

Zwei Tage später kam der Totengräber und zeigte mir einen Stock, eine großartige Arbeit, aus Nussbaumholz geschnitzt. Den Knauf bildete ein bärtiger Kopf, und auch aus den Astknoten sahen lauter Gesichter, alle mit offenen Mündern, als schrien sie aus dem Holz.

»Ob ich das Ding etwa kaufen wollte?«, fragte der Mann. Er habe nun doch diesen Alten eingraben müssen, diesen Josef, eine Schinderei in dem gefrorenen Boden, und nichts dafür zu lösen. Gut, ich nahm den Stecken für ein anständiges Geld. »Mach ihm auch ein Kreuz auf das Grab«, sagte ich. »Wann ist er denn gestorben?«

»Gestorben eigentlich nicht«, sagte der Totengräber, »erfroren.«

Ich muss noch etwas hinzufügen, nur für mich, es soll niemanden beschweren: Das Böse, das wir tun, wird uns Gott vielleicht verzeihen. Aber unverziehen bleibt das Gute, das wir nicht getan haben.

Karl Heinrich Waggerl

3. Jetzt kann Gott kommen

Thema	Sich vorbereiten auf die Ankunft des Herrn
Vorlesedauer	ca. 1½ Minuten
Alter	ab Grundschule
Hinführung	Ist das nicht »himmlisch« – ein Gast, der selbst mithilft, dass für seine Ankunft alles vorbereitet ist?

Ein Mann erfuhr, dass Gott zu ihm kommen wollte. »Zu mir?«, schrie er. »In mein Haus?« Er rannte durch alle Zimmer; er lief die Stiegen auf und ab, er kletterte zum Dachboden hinauf, er stieg in den Keller hinunter. Er sah sein Haus mit anderen Augen. »Unmöglich!«, schrie er. »In diesem Dreckstall kann man keinen Besuch empfangen. Alles schmutzig. Alles voller Gerümpel. Kein Platz zum Ausruhen. Keine Luft zum Atmen.«
Er riss Fenster und Türen auf. »Brüder! Freunde!«, rief er. »Helft mir aufräumen – irgendeiner! Aber schnell!«
Er begann, sein Haus zu kehren. Durch dicke Staubwolken sah er, dass ihm einer zu Hilfe gekommen war. Sie schleppten das Gerümpel vors Haus, schlugen es klein und verbrannten es. Sie schrubbten Stiegen und Böden. Sie brauchten viele Kübel Wasser, um die Fenster zu putzen. Und immer noch klebte der Dreck an allen Ecken und Enden. »Das schaffen wir nie!«, schnaufte der Mann. »Das schaffen wir!«, sagte der andere. Sie plagten sich den ganzen Tag.
Als es Abend geworden war, gingen sie in die Küche und deckten den Tisch. »So«, sagte der Mann, »jetzt kann er kommen, mein Besuch! Jetzt kann Gott kommen. Wo er nur bleibt?«
»Aber ich bin ja da!«, sagte der andere und setzte sich an den Tisch. »Komm und iss mit mir!«

Lene Mayer-Skumanz

4. Dreimal war ich da

Thema	Gott kommt manchmal anders zu uns als erwartet
Vorlesedauer	ca. 2 Minuten
Hinführung	Gott möchte uns besuchen, aber woran erkennen wir ihn?

Ein frommer Rabbi besuchte jeden Tag den Tempel und hatte es in seinem Glaubensleben schon weit gebracht. Da wünschte er sich, seinem Gott einmal leibhaftig zu begegnen, und brachte ihm eine Bitte vor: »Jeden Tag komme ich in den Tempel, um dir zu begegnen. Jetzt wäre es mir eine große Freude, wenn auch du einmal in mein Haus kommen würdest und mich besuchtest.«

»Ich komme morgen«, sagte Gott, »mach nur alles bereit.«

Der fromme Rabbi lief nach Hause und traf mit Eile und Geschick die notwendigen Vorbereitungen. Kostenaufwändig waren sie zudem. Der fromme Mann scheute kein Hindernis – und am Abend des Tages war für das kommende Ereignis alles bereitet.

Der nächste Tag begann in der Frühe mit der innerlichen und äußeren Reinigung, die zum Leidwesen des Rabbi nicht ganz ungestört verlief, da ein Kind, angelockt vom Duft der vorbereiteten Süßspeisen, um einen kleinen Kuchen bat. »Morgen bekommst du deinen Kuchen«, vertröstete der fromme Rabbi. »Heute kommt Gott, geh jetzt, du störst.«

Gott ließ auf sich warten. In die erwartungsvolle Atmosphäre platzte ein müder Reisender hinein, als es auf die Mittagszeit zuging. »Nein, heute nicht«, sprach der Rabbi, »morgen bist du an der Reihe. Geh inzwischen zu meinem Nachbarn. Heute kommt Gott. Du störst.«

Der Tag verging, aber Gott ließ sich nicht blicken. Als die Spannung fast nicht mehr auszuhalten war, klopfte ein dreckiger, kranker Bettler an die Tür.

»Nein«, scheuchte ihn der Rabbi fort, »nicht heute, morgen ist so viel da, wie du willst. Heute kommt Gott: Er muss sogar jede Minute hier eintreffen. Weg mit dir, du störst.« Aber Gott kam nicht.

Voller Zorn und Enttäuschung legte sich der fromme Mann schlafen. Am nächsten Morgen war sein Zorn nicht verraucht, und er überhäufte Gott im Tempel mit Anklagen und wütenden Vorwürfen: »So oft bin ich zu dir gekommen. Ist es da zu viel, wenn du ein einziges Mal zu mir kommen sollst?«

»Was willst du?«, erwiderte ihm Gott. »Dreimal war ich da, aber du hast mich nicht erkannt!«

(Vergleiche Nr. 64)

5. Der Weihnachtsbrief

Thema   Unverhoffte Schicksalsschläge können zum Nach- und
Umdenken bringen

Vorlesedauer ca. 3 Minuten

Hinführung Ein ernster Brief kann ungeahnte Folgen haben …

Er lag ein wenig unbeachtet auf den üppigen Geschenken: der Weihnachtsbrief. Er stammte von einer Tante, von der man wusste, dass sie nichts hatte außer ihrem Dach über dem Kopf und ein paar guten Sachen aus ihrer Jugend. Was hätte sie ihm, dem jungen Neffen, auch schenken sollen, der so verwöhnt war und alles von seinen Eltern bekam, was er sich wünschte?

Und trotzdem: Irgendwie faszinierte ihn der Brief, der in einem hellblauen Kuvert mit einer bunt bedruckten Briefmarke auf dem Tischchen lag über all den schönen, wunderbar eingepackten Geschenken. Er würde sie alle auspacken und sich freuen. Die Eltern hatten nicht kommen können, um ihn zu besuchen, aber morgen würde er in die Berge fahren, zum Skifahren, und in einer Hütte wohnen mit all seinen lustigen Freunden.

Am anderen Morgen, als er zeitig aufstehen musste, packte er gleich einige der Geschenke ein. Den neuen Skianzug zum Beispiel und die neuen Skischuhe, die teuren Skier und so weiter. Da sah er den Brief liegen und überflog ihn ein weiteres Mal. »… und vergiss nicht, in die Kirche zu gehen«, schrieb die fromme Tante. Ein wenig verächtlich zog der Neffe die Brauen hoch und steckte den Brief ein.

Es wurde ein wunderbarer Tag. Den ganzen Tag waren sie mit den Skiern den Berg heruntergefahren und mit dem Lift wieder hoch. Sie hatten müde vom Sport die Skier geschultert und wollten hinuntergehen zu der Hütte, um sich beim wärmenden Feuer etwas zu essen zu machen, denn hungrig waren sie auch.

Auf einmal hörten sie ein dumpfes Grollen, ein drohendes Geräusch, das immer näher kam. »Eine Lawine, schnell fort! Werft die Skier weg!«, rief einer. Sie rannten talwärts und wussten doch nicht, in welche Richtung sie laufen sollten. Denn die weiße Walze kam bergab immer näher. Kein Haus weit und breit. Nur eine kleine Kapelle. Aber die Lawine würde sie niederdrücken wie eine Zündholzschachtel, dachte der junge Mann …, oder vielleicht nicht?

Plötzlich knisterte etwas in seiner Joppentasche. Ein Wunder, dass er es wahrnahm. Er vermeinte, die Stimme seiner Tante zu hören, die ihm zurief: »Und vergiss nicht, in die Kirche zu gehen!« Und in seiner Not rief er den Kameraden zu: »In die Kapelle, da sind wir sicher!« Sie schafften es gerade noch, dicht aneinandergedrängt, im Innern der Kapelle die Lawine abzuwarten. Würde der weiße Tod sie mitsamt dem Gebäude mitnehmen – oder würde dieser Kelch an ihnen vorübergehen?

Ein Donnern, ein Brausen, ein gewaltiges Getöse …, die kleinen Mauern zitterten und bebten – und auf einmal war Ruhe. Einer ging zur Tür und rief: »Die Lawine ist knapp neben der Kapelle niedergegangen. Wir sind gerettet!« Er zündete mit seinem Feuerzeug eine Kerze an. Sie fielen auf die Knie nieder und beteten vor dem kleinen Madonnenbild, das im Lichtschein lieblich glänzte.

»Wisst ihr, was meine Tante mir gestern in einem Weihnachtsbrief geschrieben hat?«, fragte der Neffe. Alle schüttelten den Kopf. »›Und vergiss nicht, in die Kirche zu gehen!‹ An diesen Satz habe ich denken müssen, als die Lawine herunterkam. Sicher, sie hat es anders gemeint, aber dieser Satz hat uns gerettet«, sagte er unter Tränen.

Staunen machte sich in den Gesichtern breit. Und er nahm sich vor, der Tante zu schreiben, welch wunderbare Rettung ihr Weihnachtsbrief bewirkt hatte.

Edeltraud Dürr

6. Der Eisklumpen

Thema Trost in Hoffnungslosigkeit

Vorlesedauer ca. 2 ½ Minuten

Hinführung Manches Mal erscheint die Verzweiflung riesengroß. Wie gut, wenn es Menschen in unserer Umgebung gibt, die uns Wärme und Nähe schenken – gerade in der Advents- und Weihnachtszeit.

Es war dunkel geworden im Zimmer. Das war Peer nur recht so. Dunkel würde es für ihn nun immer sein. Gestern hatte ihn seine Frau verlassen. Beate, die »Glückliche«. Wie oft hatten sie über die positive Bedeutung ihres Namens gescherzt! Doch nun hatte sie behauptet, mit ihm zusammen nicht mehr glücklich zu sein. Unglücklich hatte Peer sie angeblich gemacht. Ein anderer war an seine Stelle getreten, um ihrem Namen wieder Leben einzuhauchen. Beate, die Glückliche! Wie hieß der andere? Gleichgültig. Wichtig war nur, dass er, Peer, nun einsam und verlassen im Wohnzimmer saß. Und musste am Heiligen Abend die Gemeinde doch von der Frohen Botschaft überzeugen.

»Welt ging verloren …«

Ja, Peer, von Beruf Pfarrer, war verloren, durch Beates Verrat. Da nützte auch keine Frohe Botschaft etwas. Und alles, was er an Weihnachten sagen würde, war hohles, angelerntes Geschwätz.

Er ballte die Faust, beschimpfte Beate und den anderen, fühlte, wie sein Inneres sich verhärtete, langsam zu einem Eisklumpen wurde. Ein harter, kalter Klumpen Eis, der nun hier im Sessel saß und nach der Flasche auf dem Tisch griff. Ein Glas brauchte er nicht. Die Flasche an den Mund setzen und …

Die Tür ging auf. Peers Kinder kamen herein. Zwillinge. Siebzehn Jahre alt, Hanna und Hubert. Sie brachten den Adventskranz zurück ins Wohnzimmer, den der Vater gestern, zornig und traurig gleichzeitig, auf den Komposthaufen geworfen hatte. Hanna zündete die erste Kerze an, Hubert die zweite. Dann gingen sie beide zum Vater, umarmten ihn, hielten ihn fest, hielten sich an ihm fest.

Langsam, ganz langsam fand die Wärme der Kinder den Weg in Peers Körper, erreichte den Eisklumpen in seinem Inneren, stahl ihm die Kälte und die Härte. Der Eisklumpen wehrte sich anfangs, begann dann doch zu schmelzen und zu tropfen. Hunderte, tausende von Tropfen, die als Tränen aus Peers Augen flossen. Hunderte, tausende von Tränen.

Irgendwann gab es keine Tränen mehr. Peer wischte die Augen mit einem Tuch trocken. Sein Schmerz über Beates Verrat war nicht kleiner geworden. Und trotzdem fühlte er sich getröstet. »Welt ging verloren, Christ ward geboren ...« Die Weihnachtsbotschaft war so weit entfernt und doch so nah ... Freue dich, o Christenheit!

Nein, für Freude war es noch zu früh. Aber die Hoffnung auf Freude hatten die Tränen ihm geschenkt, als sie seinen Körper von dem Eisklumpen befreiten. Hanna und Hubert schlichen aus dem Zimmer. Peer war erschöpft wie nach einer schweren Krankheit. Er stand auf und ging zum Fenster. Die Regentropfen an der Fensterscheibe ähnelten seinen Tränen. Langsam flossen sie nach unten und versickerten.

»Christ ist erschienen ...«

Ulrike Piechota

7. Das Nachdenken Josefs

Thema	Josef – voller Zweifel
Vorlesedauer	ca. 5 Minuten
Hinführung	Wir meinen immer, bei Maria und Josef seien alle Schwierigkeiten durch einen unerschütterlichen Glauben überwunden worden. Wir hören am Beispiel Josefs, dass auch sie nur Menschen waren und darum auch manches Mal voller Zweifel – wie wir selbst.

»Ich geh ein wenig vor die Tür«, sagte Josef. Und Maria sagte: »Ja.«
»Wenn du etwas willst, brauchst du nur zu rufen«, sagte Josef. Und Maria sagte: »Ja.«
»Ich will nur ein bisschen Luft schnappen.«

Maria sagte: »Ja, Josef, geh nur. Ich brauche nichts. Es ist alles gut.«

Josef schaute über die linke Schulter zurück. Verlegen ein wenig und verworren, sah er, wie sie sich über das Kind beugte; sah, wie sie mit der Hand versuchte, es zu streicheln. Sie flüsterte etwas, aber er konnte es nicht verstehen. Er wusste nicht, was sie zu dem Kind sagte: Nur, dass er die beiden jetzt allein lassen musste, das wusste er. Dass er jetzt hier rausmusste, das wusste er. Es ging über seinen Verstand. – Nicht, dass die plötzliche Geburt ihn überrascht hatte. Das nicht. Das war kein Wunder. Die neun Monate waren um. Dazu kam die Anstrengung der letzten Tage. Und seit wann nahmen die Behörden Rücksicht auf die Leute?

Ja, ich hätte es mir damals überlegen sollen! Und Josef dachte an den Engel, der ihn aus dem Schlafe geschreckt hatte; erinnerte sich seiner Worte, dieser unglaublichen Botschaft: »Sie wird ein Kind haben ohne dich!«

»Ein Kind von einem anderen also!«

»Ja, von einem anderen. Aber nicht so, wie du denkst. Nicht von einem Manne, Josef.«

»Das soll ich verstehen? Ich bin ein Zimmermann, Engel! Ich kann nicht einmal lesen. Das ist doch kein Grund, mich zu verspotten!«

Und er quälte sich. Und er dachte: Ich träume! Biss sich in den Finger; schrie auf vor Schmerz, so biss er zu; und schwieg, als er die Stimme des Engels wieder hörte: »... die Leute werden ihn Immanuel nennen. Verstehst du jetzt, Zimmermann? Immanuel!«

Doch Josef hörte ihn nur; verstehen konnte er ihn nicht. Nicht um alles in der Welt. Tat nur, was der Engel ihm sagte. Verließ das Haus, ging zu ihr und sagte: »Komm zu mir, Maria!« Und nahm sie schüchtern bei der Hand. – Was ist sie nur für eine Frau? – Und vertraute auf den Spruch des Engels.

Der Herr hat gesprochen. Der Herr weiß, was er tut. Der Herr wird seine Hand über uns halten.

Lange stand Josef draußen vor der Tür. Von den Bergen her kam kalter Wind. Er kühlte seine heißen Schläfen, das heftig pochende Herz. Seine zitternden Hände beruhigten sich nur langsam. Immer wieder war er versucht, die Tür einen Spaltbreit zu öffnen, um zu sehen, ob da drinnen nicht doch noch das große Wunder geschah, auf das er wartete. Das Wunder, das diesen miserablen Stall verwandelte. In eine Wohnung für Immanuel. »Wo bist du, Engel, wo ist dein Versprechen?«

Aber es gab keinen Engel, gab keine Antwort – nur den Wind. Einen kalten Wind, der kalkigen Staub mitbrachte von den Bergen, Schafsgeruch von den Herden, Hundegebell.

»Ich bin nur ein einfacher Mann, Engel!«, stöhnte Josef, »zimperlich bin ich auch nicht. Auch zu Hause hätten wir uns einen Arzt nicht leisten können. Sicher nicht. Aber zu Hause, da wären die Nachbarn da gewesen. Und vielleicht wäre auch Elisabeth für ein paar Tage herübergekommen. Aber so, wie soll ich hier, vor dieser elenden Tür, dein Versprechen deuten? Das meine halten? Ich schäme mich, Engel! Nicht einmal eine Bank in einer billigen Kneipe habe ich auftreiben können. Eine Bank neben dem Fenster, neben dem Herd. Kein Tropfen heißes Wasser – weißt du überhaupt, was das heißt, Engel?« Josef schlug seinen Kopf gegen das Gatter und flüsterte: »Nichts als ein paar brüchige Bretterwände, die kaum die ärgste Kälte abhalten, eine Laterne mit einem Kerzenstummel, ein Ochse und ein Esel – für deinen Immanuel!«

Er spürte die Tränen nicht, die ihm übers Gesicht liefen. Er spürte den Frost nicht, der ihn schüttelte. Er fürchtete sich vor morgen und übermorgen. Maß ja alles an der Elle von heute.

Da hörte er Stimmen. Stimmen von Männern und Kindern. Und einer rief: »Dort drüben in der Hütte, dort muss es sein. Ich sehe Licht!«

Da glaubte er wieder.

Kurtmartin Magiera

Macht hoch die Tür

8. Ein kleiner Traum geht auf die Reise

Thema	Die Liebe ist größer
Vorlesedauer	ca. 7 Minuten
Hinführung	Die Fantasie Gottes offenbart sich in der Liebe. Und wer sich auf sie einlässt, kann einen neuen Lebenstraum beginnen.

Es war einmal ein Traum, und dieser Traum lebte bei Gott. Gott träumte, er selber wohne mitten unter den Menschen, und alle hätten endlich begriffen, dass er nichts mehr wünschte als gelungenes, geglücktes und entfaltetes Leben für alle Lebewesen.

Aus Liebe zu seiner Schöpfung wurde Gott erfinderisch und träumte von einem Garten des Lebens, in dem allein die Liebe herrschte. Krankheit, Not und Elend waren verschwunden, und es gab keinen Krieg, keinen Streit und keine Boshaftigkeit mehr. Gott träumte, er selber werde jede Träne von den Augen der Weinenden und Leidenden trocknen.

Allein, dieser Traum Gottes war beinahe zu schön, um wahr zu sein. Dies spürte keiner deutlicher als der Traum selbst. Wenn er sich mit der Lebenswirklichkeit auf der sichtbaren Welt verglich, wurde er traurig, weinte und haderte mit Gott: »Was bist du nur für ein Gott? Du wohnst in deinem Himmel und lässt die Welt sehen, wie sie zurechtkommt. Du träumst die buntesten Träume von einem glücklichen Leben, aber auf der Erde geht es ganz anders zu. Machst du es dir nicht zu einfach mit deiner Welt?«

»Auch ich sehe das alles«, antwortete Gott ihm. »Du tust mir Unrecht, wenn du glaubst, dass es mich nicht trifft. Es tut mir weh, was aus meiner Welt geworden ist. Aber meine Geschichte mit dieser Welt und den Menschen ist noch lange nicht zu Ende, kleiner Traum.«

»Aber sieh doch«, entgegnete ihm der Traum, »die Augen so vieler Menschen sind stumpf und leer geworden, als ob die Träume in ihnen gestorben seien. Was bin ich schon für diese Welt? Ein kleiner Traum, der nicht weiter ernst genommen wird.«

»Die Welt wird verwandelt von der Fantasie der Liebenden«, antwortete Gott. »Sie wird nur dann wirklich lebendig, wenn die Liebe in den Herzen der Menschen erwacht. Das muss ganz klein und still anfangen wie ein Funke Sehnsucht oder ein kleiner Traum. Ein Traum, ja, ein Traum vermag die Menschen wohl aus ihrer Erstarrung und Mutlosigkeit zu reißen!«

In diesen Worten brach mit Macht die liebevolle Lebenskraft Gottes durch. Der Traum wurde angesteckt von der Lebenssehnsucht Gottes. Er wollte Wirklichkeit werden in dieser Welt, die so anders war.

»Werden die Menschen mich aufnehmen?«, fragte er Gott.

»Du wirst es nicht leicht haben«, antwortete er ihm. »Die Menschen können deinen himmlischen Körper mit ihren irdischen Augen nicht erkennen. Du wirst für sie unsichtbar sein und nur aus ihren Herzen zu ihnen sprechen können. Viele Menschen aber glauben der Stimme ihres Herzens nicht mehr und meinen, was man nicht sehen könne, existiere deshalb nicht und könne niemals Wirklichkeit werden. Daher ist es wichtig, dass du einen Menschen oder eine Gruppe von Menschen findest, bei denen du wohnen und lebendig werden kannst. Dann wirst du nicht länger unsichtbar sein für die Welt, du wirst Hand und Fuß bekommen. Geh jetzt, kleiner Traum, und lebe.«

So machte sich der kleine Traum auf seine große Reise. Jahrtausend um Jahrtausend wanderte er unermüdlich durch die Welt und gelangte auch in eines der ältesten Bücher der Menschen, das sie bis heute heilig halten.

»Nun kann ich nicht mehr sterben«, dachte der kleine Traum, »nun werde ich endlich leben.«

Aber es kam alles anders. Denn jetzt war er in dicken Büchern und wohlklingenden Reden gefangen, und gelehrte Menschen stritten sich darüber, wie er denn nun zu verstehen sei. Über alle Auslegung vergaßen die Menschen jedoch nur allzu schnell, dass dieser Traum nicht zuerst in lehrreichen Büchern und auf Papier geschrieben sein wollte, sondern ins Herz jedes einzelnen Menschen.

Manchmal ließen sich Menschen in dunklen Stunden ihres Lebens von diesem Traum anstiften und versuchten, seinen Lichtern zu folgen. Am Tage aber schoben sie ihren Traum von einer menschlicheren, gerechteren Welt sehr schnell wieder beiseite. »Träume sind Schäume!«, sagten sie dann entschuldigend.

So wanderte der Traum weiter und weiter. Aber so viel er auch suchte, er fand keinen Menschen, der ihm Vertrauen schenken wollte. Da wurde er immer trauriger, und große Müdigkeit kam über sein Herz. Er schrie zu Gott: »Die Menschen bringen mich ums Leben, noch bevor sie mir eine Chance gegeben haben. Sie wollen mich nicht, sie haben keinen Platz für mich in ihrer Welt.«

Gott aber nahm den traurigen Traum zu sich und tröstete ihn. »Warum trauen sie dir nicht? Warum glauben sie lieber ihrer Angst und nicht daran, dass am Ende das Gute und die Liebe siegen werden?«

Gott war sehr nachdenklich geworden. Vielleicht meinten die Menschen, er nähme sie nicht ernst genug? Vielleicht musste er ihnen noch weiter entgegenkommen, ja, vielleicht sollte er ihnen ein Beispiel geben?

»Wenn die Menschen dir nicht Hand und Fuß geben, dann werde ich es selber tun! Einer muss doch anfangen und die Welt aufbrechen für die Weite und Wirklichkeit des Himmels, sonst ersticken sie am Ende in der Enge ihrer Angst. Ich werde den Menschen ein großes Geschenk machen: Ich gebe ihnen ein Leben für die Welt, damit sie endlich begreifen, dass die Fantasie der Liebe größer ist als die Angst und stärker als das Leid und lebendiger als der Tod.«

So nahm eine neue Geschichte ihren Anfang, als der Lebenstraum Gottes in dem kleinen Kind eines jungen Liebespaares auf der Erde zu atmen begann.

Ulrich Peters

9. Jakob malt ein Weihnachtsbild

Thema	Weihnachtsvorbereitungen
Vorlesedauer	ca. 2 Minuten
Alter	ab Grundschule
Hinführung	Eigentlich müssen wir auch dem Geburtstagskind Jesus etwas schenken, findet Jakob.

Jakob zeichnet und malt für Weihnachten. Tante Helli wünscht sich ein Kripperl mit Jesuskind, Esel und Ochs. Onkel Fritz wünscht sich Hirten auf dem Weg nach Bethlehem. Die Omama hätte gern einen Engel, der freundlich dreinschaut und »Fürchtet euch nicht!« sagt.

Jakob zeichnet eine Sprechblase vor den Mund des Engels und schreibt »Fürchtet euch nicht!« hinein. Dann sagt er zu Katharina: »Jetzt hab ich für jeden ein schönes Geschenk!« »Nur für das Geburtstagskind noch nichts!«, sagt Katharina. »Für Jesus. Er hat zu Weihnachten Geburtstag. Eigentlich müsste man ihm etwas schenken!«

»Meinst du, er hätte Freude an einem Bild?«, fragt Jakob.

»Wenn es sehr schön und bunt ist – warum nicht?«, fragt Katharina.

Jakob nimmt ein neues Zeichenblatt. Er zeichnet einen Christbaum mit vielen Kerzen und Kugeln und Zuckerln in Fransenpapier. »Ich helf dir«, sagt Katharina. Sie malt Tupfen und Sterne auf die Kugeln und um jede Kerze einen gelben Schein. »So«, sagt sie. »Jetzt bring ihm das Geschenk! Bring's ihm in die Kirche!« Jakob geht zur Kirche, aber das Tor ist verschlossen. Jakob steht auf der Straße und überlegt, was er tun soll. Das Christbaumbild flattert im Wind. Jakob muss es mit beiden Händen halten. Eine alte Frau bleibt neben ihm stehen. »So eine lustige, bunte Zeichnung«, sagt sie. »Das ist wohl ein Weihnachtsgeschenk?«

»Ja«, sagt Jakob. Und dann hält er der alten Frau die Zeichnung hin. »Ich schenk sie Ihnen!«

»Nein, so etwas!«, ruft die alte Frau. »So eine Überraschung … danke …«

Jakob rennt nach Hause. Katharina wartet schon auf ihn. »Na?«, fragt Katharina. »Der Christbaum hat Jesus sehr gut gefallen«, sagt Jakob.

»Weißt du das bestimmt?«, fragt Katharina. »Ja«, sagt Jakob. »Er hat mir's ausrichten lassen!«

Lene Mayer-Skumanz

10. Dankeschön, Christkind!

Thema	Die Weihnachtsfreude hat viele Gesichter – zu allen Zeiten
Vorlesedauer	ca. 2 ½ Minuten
Alter	ab Grundschule
Hinführung	Kleine Geschenke können verwandeln, wenn sie die Seele treffen.

Als wir am Heiligen Abend aus der Zionskirche kommen, wirbelt der Schnee in dichten Flocken zur Erde hernieder. Bald ist Bethel in eine weiße Decke eingehüllt. Viele Hundert eilige Füße huschen über sie hin, weil nun die Feiern in den einzelnen Häusern auf ihre fröhlichen Gäste warten. Es sind wohl zwanzig Kinder da, die zum ersten Male in Bethel Weihnachten feiern. Viele aus großer Armut, aus dunklen Kellerräumen oder engen Dachwohnungen. Nun stehen sie wie geblendet vor all der Herrlichkeit. Frische, rotbackige Kinder sind darunter, denen man die schwere Krankheit kaum ansehen kann.

Am Rande des Zimmers geht ein Junge immer auf und ab mit großen Schritten und eigentümlichen Kopfbewegungen. Er wendet sein Gesicht nicht wie die anderen Kinder dem Lichterbaum zu. Er freut sich nicht an den bunten Bildern wie seine kleinen Kameraden. Er kann es nicht; denn der kleine Willy ist nicht nur mehrfach behindert, er ist auch blind. Man könnte denken, dass ihm die Tür zur Weihnachtsfreude ganz verschlossen sei. Aber nein, das ist doch nicht der Fall. Er hat eine Mundharmonika geschenkt bekommen. Darüber hat er alles andere ringsumher vergessen. Unermüdlich wandert er auf und ab und versucht zu spielen.

Plötzlich sehe ich, wie Willy haltmacht und die Harmonika vom Munde nimmt. Er lauscht in den vielstimmigen Lärm hinein, der ringsumher das Zimmer füllt. Er horcht gespannt auf die Töne der anderen Instrumente seiner kleinen kranken Freunde.

Nun geht ein Freudenschein über sein schmales Gesicht, und ich höre, wie er vor sich hin sagt: »Keiner hat eine!« Er meint offenbar, keiner außer ihm habe eine Mundharmonika bekommen. Das macht ihm den Genuss doppelt groß; und unverdrossen setzt er seine Wanderung fort, hin und her und auf und ab, immer wieder blasend: Ihr Kinderlein kommet!

Nach einer Weile aber sehe ich, wie er noch einmal stehen bleibt und ein noch hellerer Schein über sein blasses Gesicht fährt. »Dankeschön, Christkind!«, sagt er leise, und dann wandert er weiter.

Friedrich von Bodelschwingh

11. Eine vorweihnachtliche Reise

Thema	Kinder spielen Weihnachten – auf eine ganz eigene Weise
Vorlesedauer	ca. 5 Minuten
Alter	ab jüngere Erwachsene (mit Schmunzeln)
Hinführung	Kinder können uns manches Mal einen Spiegel vor Augen halten, wie die nachfolgende Geschichte erzählt.

Mein Mann hat ohne Zweifel einen verantwortungsvollen Beruf. Er ist Prokurist in einer Firma mit Weltruf. Im Laufe der Jahre hat sich seiner Zuverlässigkeit ein Gefühl der Unabkömmlichkeit zugesellt, mit dem wir uns alle, ohne es recht wahrzunehmen, arrangiert haben. Nur in der Vorweihnachtszeit versuche ich immer wieder, ihm ein gemeinsames Abendbrot abzubetteln, etwas mehr Zeit für unsere zwei Kinder, Jan und Ina, die sich mit ihren vier und fünf Jahren schon an die familiäre Rollenverteilung gewöhnt haben.

Heute hatte ich Erfolg: Hans verließ uns früh mit dem Versprechen, rechtzeitig zum gemeinsamen Abendbrot zu Hause zu sein. Es wurde ein zauberhafter Tag. Gleich nach dem Kindergarten gingen wir rodeln, waren bei Einbruch der Dunkelheit zu Hause und haben gemeinsam Plätzchen gebacken, bis das ganze Haus weihnachtlich duftete. Dann schickte ich die Kinder zum Spielen in ihr Zimmer, weil ich noch das gemütliche Abendbrot vorbereiten wollte.

Bei offenen Türen hörte ich, dass die Kinder »Weihnachten« spielten. Ina war Maria und Jan natürlich Josef. Plötzlich stockte das Spiel, Josef hatte Bauchweh und erklärte: »Du, Maria, ich kann leider nicht mit nach Bethlehem kommen, ich weiß nicht, ob es mit meinen Bauchschmerzen noch schlimmer wird.«

Maria war ganz verständnisvoll: »Das macht nichts, Josef, du bist ja sowieso nicht der Vater. Ich sage der Frau da unten Bescheid, die macht dir eine Wärmflasche, und ich gehe allein«, sprach's, zerrte ihre Puppe aus dem Bettchen und stopfte sie in ein kleines rotes Lackköfferchen. In der Küche bestellte sie die versprochene Wärmflasche für den kranken Josef: »Wenn es ihm besser geht, kann er vielleicht nachkommen. Den echten Vater kann ja vielleicht Papa spielen, dann freut er sich, wenn er nach Hause kommt, und er hat ein Kind gekriegt.«

Im Flur zog sich meine kleine Tochter ihre Gummistiefel an, wickelte sich einen großen Schal um und stapfte in den Schnee. Noch einmal öffnete sie die Tür und versicherte mir: »Ich kann den Weg schon finden, der Mond scheint ja ganz hell und« – kurzer Rollenwechsel von Maria zu Ina: »Wie lange dauert eigentlich ein Kind?«

»Neun Monate«, konnte ich gerade noch antworten, da fiel die Tür ins Schloss, und ich sah Maria von Jerusalem nach Bethlehem ziehen. Laut zählend lief sie durch den verschneiten Garten: »Eins, zwei, drei …«, bei sechs öffnete sie den Koffer und quetschte die Puppe unter den Pullover. Bei neun war sie endlich in Bethlehem angekommen und klingelte bei unserer Herberge, damit ich sie in den Stall einließ, wo in dieser Zeit der großen Wunder der schmerzgebeutelte Josef schon auf sie wartete.

»Wenn man ein Kind kriegt«, wusste er zu empfehlen, »braucht man Bauchschmerzen!« Mit diesen Worten legte er die Wärmflasche beiseite und übergab seine Schmerzen damit an die werdende Mutter, die zum Glück schon nach zwei tiefen Seufzern das Kind unter dem Pullover hervorzog.

Josef bastelte gerade eine Krippe aus einem Küchenhocker und Zeitungspapierschnipseln, als das Telefon klingelte. »Hans!!!«

»Ich kann nicht rechtzeitig nach Hause kommen, noch eine wichtige Besprechung. Ich bemühe mich und komme, so schnell es geht.«

Ich wusste nicht, was ich entgegnen sollte; angerührt von dem Spiel der Kinder, fielen mir nicht die richtigen Worte ein, um ohne Bitterkeit meine Enttäuschung auszudrücken. Traurig blickte ich aus dem Fenster und hörte den erklärenden Worten meines Mannes zu, als mich Ina am Rock zog: »Du, ist das Herr Gott? – Kannst du ihm sagen, dass er ein Kind gekriegt hat?«

Ein dicker Kloß machte sich in meinem Hals breit, und als ich Hans' schuldbewusste Frage hörte: »Ist alles in Ordnung bei euch?«, konnte ich nur erwidern: »Ja, Herr Gott, es ist Friede auf Erden.«

Dorothea Kiausch

12. Ja zum Leben

Thema	Das Leben eines Menschen steht über allem
Vorlesedauer	ca. 2 Minuten
Hinführung	Menschen in großer Armut haben oft mehr Gespür für das Leben als Menschen im Reichtum.

Es ist Dezember in Mexiko City. Langsam wacht die Millionenstadt in der Kälte des mexikanischen Hochlands auf. José, der Taxifahrer, muss sehr früh zur Arbeit. Das Taxi gehört ihm nicht. Und so muss er bis tief in die Nacht arbeiten, um seine Frau Maria und seine vier Kinder über die Runden zu bringen.

Noch in der Dunkelheit verlässt auch Maria die Zweizimmerhütte im Elendsviertel am Stadtrand. Die Kinder können kaum schlafen. Das Blechdach und die einfache Holztür können die Kälte kaum aufhalten.

Um ihrem Mann zu helfen, kauft Maria Hausartikel in einem der großen Kaufhäuser. Später verkauft sie sie wieder bei ihren Nachbarn. So schafft sie sich ein zusätzliches Einkommen. Täglich zieht sie von Haus zu Haus und versucht, ein gutes Geschäft zu machen.

Eines Tages lernt Maria ein junges Mädchen auf der Straße kennen, das im achten Monat schwanger ist. Das Mädchen will das Kind nicht behalten, und so sucht sie eine Frau, um ihr das Kind zu schenken. Maria zweifelt nicht einen Augenblick. Sie sagt dem Mädchen: »Ab jetzt kannst du bei uns wohnen. Und ab der Geburt deines Kindes kannst du noch weitere drei Monate bei uns bleiben. Wenn du es dir anders überlegst, kannst du dein Baby behalten, wenn nicht, dann bleibt es bei uns.«

So geschah es. Alle kümmerten sich um die zukünftige Mutter. Als das Kind auf die Welt kam, freute sich die ganze Familie. Doch das Mädchen blieb bei seiner Entscheidung und ließ das Baby bei der Familie. José wusste, dass er noch mehr arbeiten musste. Die Kinder wussten, das Haus war klein, und das Essen reichte kaum. Maria wusste, dass sie nun ihrem Mann nicht mehr helfen konnte, denn sie würde ab jetzt bei dem Baby bleiben. Alle wussten um die schwierige Zukunft, doch alle waren sich einig: Dem kleinen Baby ein Zuhause zu bieten, war wichtiger als alles andere.

Nach Luis A. Pérez Uvalle

13. Wie selbst der Teufel zur Krippe kommt

Thema	Die Versuchungen der Hirten
Vorlesedauer	ca. 2½ Minuten
Hinführung	Wir glauben, dass Gott auf krummen Zeilen gerade schreiben kann.

Gestern Nachmittag besuchte ich meine mexikanische Freundin Josefina, die in unserer Nachbarschaft wohnt. Als ich ihren Weihnachtsbaum bewunderte, blickte ich voller Überraschung auf ihre Krippe: Maria, Josef, das Kind, verschiedene Hirten und – ein Teufelchen! »Was macht denn der Teufel an der Krippe?«, fragte ich erstaunt.

»Der Teufel gehört zu unseren *Pastorelas,* den Hirtenspielen in Mexiko«, begann Josefina zu erklären. »Dabei spielen die Leute, wie die Hirten auf dem Weg nach Bethlehem sind. Doch der Teufel versucht, sie davon abzuhalten. So arrangiert er es zum Beispiel, dass die Hirten unterwegs Freunde treffen, die gerade Fußball spielen und sie einladen, mitzumachen. Das ist natürlich in dem Augenblick viel interessanter, als weiterzuwandern!«

»Aber nach dem Spiel gehen sie dann weiter?«, fragte ich – neugierig geworden – nach.

»Nun ja, ein Stück. Als sie an einem Kiosk vorbeikommen, merken alle, wie durstig sie durch das Fußballspielen geworden sind und ...«

»Und trinken etwas: Saft – oder Bier?«, unterbrach ich Josefine.

»Der Teufel versucht immer wieder, die Hirten davon abzuhalten, dass sie bis nach Bethlehem kommen. Kann schon sein, dass er ihnen im Hirtenspiel auch mal Bier anbieten will. Zum Glück fällt den Hirten aber immer wieder noch rechtzeitig ein, warum sie unterwegs sind. Doch immer wieder kommt etwas dazwischen: dass sie Hunger bekommen, sich einer den Fuß verstaucht oder müde wird und Pause machen muss ...«

Das scheint ja wirklich ein mühsamer Weg zu sein, dachte ich, oder ein sehr einfallsreicher Teufel! »Kommen die Hirten irgendwann wirklich in Bethlehem an?«

»Doch, doch«, beruhigte mich Josefina, »und der Teufel, der sie ja die ganze Zeit unterwegs abhalten und ablenken wollte, ist auf diese Weise auch den ganzen Weg mitgegangen und gelangt ungewollt selbst bis an die Krippe. Deshalb gehört er für uns auch mit an die Krippe!«

Brigitte Hallermann

14. »Alles, wie's sein soll«

Thema   Jesus ist der Bruder *aller* Menschen geworden
Vorlesedauer ca. 6 Minuten
Hinführung   Die Weihnachtsatmosphäre kann die Herzen der Men-
             schen anrühren. Dazu die folgende »Begebenheit«:

Am Sonntag nach Weihnachten, am Fest der Heiligen Familie, öffnete sich während des Glorialiedes langsam das Kirchentor. Kälte und Wind drangen in den festlich erleuchteten Raum, aus dem Schneegestöber tauchte ein älterer Mann. Über dem abgewetzten Mantel trug er einen bodenlangen fleckigen Schal, unter den Arm hatte er eine Doppelliterflasche Wein geklemmt. Sie war zur Hälfte leer. Der Mann nickte zufrieden.

»Orgel und Christbaum und singende Leut, alles, wie sich's gehört!«

»Türe schließen!«, zischte eine Frau in der letzten Reihe. Der Mann ließ den Türknopf los, und der Torflügel schwang zurück.

Schritt für Schritt tappte der Mann vorwärts. Er setzte sich in die letzte Bank und stellte die Flasche neben sich auf die Fliesen. Das Klirren schreckte einige Messbesucher auf, Köpfe drehten sich, aber den Mann kümmerte das nicht. »Tolle Stimmung da! Auch eine K-Kr-, eine Krippe haben sie aufgestellt! Alles, wie's sein soll!« Die Schneeflocken schmolzen und tropften auf seine Wangen.

»Mama, der Mann da weint!«, flüsterte ein kleiner Junge in der letzten Reihe.

»Ach wo«, flüsterte die Mutter. »Dem tropft das Schneewasser vom Kopf. Das ist ein Penner, und betrunken ist er auch. Mein Gott, wie der stinkt! Nicht zum Aushalten! Komm!« Sie zerrte den Jungen aus der Bank und suchte weiter vorne zwei Plätze.

»Ist wahr! Dort sieht und hört man besser«, brummte der Mann, packte seine Flasche und rückte drei Reihen vor. Unruhe entstand unter den Gläubigen. »Ruhe!« – »Pscht!«

Der Pfarrer las das Evangelium vom zwölfjährigen Jesus im Tempel, der »Penner« horchte aufmerksam.

»Klar, dass die Mutter sich aufregt!«, brummte er. »Brennt ihnen der Schlingel einfach durch und macht sich selbstständig …«

Der kleine Junge kicherte: »Mami, meint er Jesus damit?«

»Aber wo!«, zischte die Frau. »Keine Ahnung, was der meint. Hör nicht hin!«

Der Pfarrer fing zu predigen an. Er sagte, dass Christus, der Sohn des lebendigen Gottes, sich nicht gescheut habe, Kind einer menschlichen Familie zu werden. Einer armen Familie! »Wie es im zweiten Korintherbrief heißt: Er, der reich war, wurde euretwegen arm, um euch durch seine Armut reich zu machen … Und, liebe versammelte Gemeinde, der Sohn Gottes hat nicht davor zurückgeschreckt, auf Hilfe angewiesen zu sein wie jedes neugeborene Menschenkind. So sehr liebt er uns, dass er unser wahrer Bruder geworden ist in Not und Leid, Verfolgung und Unverstandensein. Aber auch in Freude und Festesfröhlichkeit.«

»Bravo, Prost!«, rief der Mann mit der Weinflasche.

Zwei freundliche Herren, Mitglieder des Pfarrgemeinderates, erhoben sich, flüsterten miteinander und setzten sich dann zur Rechten und Linken des Penners nieder. Leise redeten sie ihm zu und baten ihn, nur ganz still der Predigt zuzuhören.

»Ihr spinnt, Leute«, brummte der Mann. »Redet euer Pfarrer so gut, und keiner lobt ihn. – Bravo!«, rief er gleich darauf, denn der Pfarrer hatte aus einem alten Hymnus zitiert: »… er scheut es nicht, auf Stroh zu ruhn!«

»Wisst ihr, wie das sticht?«, fragte der Penner. »Und doch ist man dem Herrgott dankbar, wenn man eine Scheune voller Stroh gefunden hat, im Herbst, wenn's schon kühler …«

»Das erzählst du uns nachher!« »Nachher?«

»Ja. Du trinkst Kaffee mit uns und erzählst uns alles. Nur jetzt sei still!«

Der Mann nickte. Er sagte kein Wort mehr. Als aber der Pfarrer das Wort des heiligen Paulus »Ertragt euch gegenseitig« erwähnte, seufzte er laut.

»Schwer ist das, schwer, könnt's mir glauben, Burschen«, flüsterte er den Gemeinderäten zu. »Meine Erfahrung diesbezüglich ist gigantisch. Ich ertrag die Leute nicht, und sie mich auch nicht.«

Am Ende der Predigt meinte der Pfarrer, dass jeder, der keine eigene Familie mehr habe, sich in der Heiligen Familie geborgen fühlen dürfe: »Jesus nimmt uns als Geschwister an, so wie wir sind, armselig und schwach. Josef ist ein treuer Beschützer, auf ihn ist Verlass! Und Maria hat ein weites Herz, weit genug für uns alle! Amen.«

Bis zum Ende der Messe blieb der Mann mit der Flasche ganz ruhig. Dann, als die Orgel noch einmal mächtig aufrauschte und die Kinder ihre Mütter nach vorne zur Krippe zerrten, stand er auf. »Ich will jetzt auch das Kind auf dem Stroh sehen.«

Die beiden Pfarrgemeinderäte nahmen den Mann in ihre Mitte und führten ihn vor die Krippe. Lange stand er da, die Flasche unter den Arm gepresst.

»Mama«, sagt der kleine Junge. »Dem Penner rinnt noch immer das Schneewasser übers Gesicht!«

»Nein«, flüsterte die Mutter. »Der Mann weint.«

»Warum?«, fragte der kleine Junge.

»Das weiß ich nicht«, sagte die Frau und zog den Jungen eilig hinter sich her aus der Kirche.

Lene Mayer-Skumanz

15. Der letzte Wunsch

Thema	Der große Gott wird für uns fassbar in einem Kind
Vorlesedauer	ca. 5 Minuten
Hinführung	Sie kennen das Märchen vom Fischer und seiner Frau? Alle Wünsche der Frau hatte der wundersame Butt erfüllt. Aber als sie nach Kaiser und Papst auch noch der »liebe Gott« sein wollte, konnte das nicht gut gehen. Hier endet das Märchen. Wie aber mag die Geschichte dann weitergegangen sein?

»Gib dich zufrieden und bleib Papst!«, beschwor der Fischer seine Frau. Doch sie herrschte ihn an: »Hat der Butt mir bisher jeden Wunsch erfüllt, wird er's auch diesmal tun. Geh!«

Kopfschüttelnd, aber ohne weitere Widerworte, fügte sich der Fischer. Erst als er an den Schweizer Garden vorbei durch das goldene Tor nach draußen ging, murmelte er: »Das nimmt ein böses Ende ...«

Obwohl noch Stunden vor Abend, war der Himmel schwer und schwarz. Gegen den heulenden Wind und den tobenden Regen kämpfte sich der Fischer zum Meer.

»Mantje, Mantje, timpete –
Buttje, Buttje in der See.
Meine Frau, die Ilsebill,
will nicht so, als ich wohl will!«

Er rief aus Leibeskräften – und es schien doch kaum ein Flüstern im Tosen und Brausen von Wind und Wellen. Gleichwohl, der Butt erschien, finster und groß wie ein Wal.

»Was will sie denn nun schon wieder?!«, brüllte er voller Zorn.

»Sie will ... so werden wie ... der liebe Gott.«

»Geh nur hin! Sie sitzt wieder in ihrem Schuppen!«

Der Fischer wusste wohl, dass dies der letzte Wunsch gewesen war und er den Butt nicht wiedersehen würde. Bedrückt ging er nach Hause. Dort, wo der prächtige Palast gestanden hatte, fand er seine armselige Hütte wieder ... und drinnen still weinend seine Frau, in Lumpen gekleidet wie vormals.

Der Fischer setzte sich neben sie auf die grobe Holzbank, wagte aber nicht, den Arm um sie zu legen. So saßen sie lange schweigend, bis die Frau schluchzte: »Nichts ist geblieben von all der Herrlichkeit. Nichts als dieses Buch.«

Da erst bemerkte der Fischer das dicke Buch, das sie in der Hand hielt. Er erkannte es und widersprach ihr: »Nein, auch das Buch ist kein Rest der erwunschenen und verwunschenen Herrlichkeit. Wir besaßen es schon zuvor, viele Jahre lang – und hatten es doch viele Jahre nicht mehr in der Hand.«

Voll Bitterkeit reichte seine Frau ihm das Buch. »Dann nimm unseren Reichtum und lies!«

Er nahm das Buch, schlug es mitten auf, und stockend – er hatte lange nicht gelesen, und es war dunkel in der Hütte – begann er:

»Es begab sich aber zu der Zeit, dass ein Gebot von dem Kaiser Augustus ausging, dass alle Welt geschätzt würde. Und diese Schätzung war die allererste und geschah zur Zeit, da Quirinius Statthalter in Syrien war ...«

Und ganz innen, tief, dunkel, wuchs ihr das Erkennen – wehmütig und tröstlich, fremd und vertraut. Ohne es gewahr zu werden, stimmte die Frau in die Worte ein: » ... und sie gebar ihren ersten Sohn und wickelte ihn in Windeln und legte ihn in eine Krippe; denn sie hatten sonst keinen Raum in der Herberge.«

Der Fischer hielt inne, seine Augen schmerzten. Doch die Tränen rührten nicht nur von der Anstrengung. Er blickte auf, und mit Staunen betrachtete er seine Frau. Bitterkeit und Verzweiflung waren gewichen, fast heiter schaute sie sinnend auf ihre wieder rauen und schwieligen Hände.

»Auch diesen Wunsch hat er erfüllt«, flüsterte sie dann, »auch den letzten Wunsch! Ich bin geworden wie Gott – denn Gott ist geworden wie wir. Gott macht sich uns zuliebe klein, wird ein Kind. Er liegt im Stall, in der Futterkrippe. Ich wollte immer mehr haben, wollte es immer besser haben – und als kleines, hilfloses Kind zeigt Gott mir, wie verblendet ich war, wie süchtig nach Pracht und Macht. Er zeigt mir, dass wahrer Reichtum und wahre Würde nicht herbeigewünscht, nicht erarbeitet und auch nicht zusammengekauft werden können. Wir bekommen sie von ihm geschenkt. So sehr liebt er uns. Ach, helfe Gott uns, dass wir unsere Gier und unseren Stolz überwinden und uns selbst und die anderen so sehen, wie er uns sieht: als seine geliebten Kinder!«

Paul-Gerhard Martin

Da haben die Dornen Rosen getragen

16. Der alte Baum – noch zu etwas nütze

Thema   Erlösung beginnt in der Krippe
Vorlesedauer ca. eine Minute
Hinführung Das Kind in der Krippe kehrt alle Maßstäbe um: Selbst
ein alter umgeknickter Baum bekommt noch eine Aufgabe.

Der alte Baum wusste, dass seine Tage gezählt waren. Noch ein Sturm und er würde umknicken wie ein Streichholz. Wie gerne wäre er noch zu etwas nütze gewesen …

Eines Tages begann ein hektisches Treiben um ihn herum: Ein großer Krippenstall sollte für die Kirche gebaut werden. Es wurde gehämmert, gesägt und gehobelt. Aber keiner brauchte etwas vom alten Baum: kein Brett für die Wand oder einen Balken für das Dach, nicht einmal für die Latten vom Zaun, dabei streckte er seinen krummen Stamm, so gut er konnte. Traurig und ohne Kraft blieb der Baum stehen und richtig: Der nächste Sturm knickte ihn um.

Am anderen Morgen kam ein Mann, begutachtete den umgefallenen Baum, nahm eine Motorsäge und trennte den Stamm von Wurzel und Krone. Er holte Hammer und Meißel und schnitzte mit kräftiger Hand eine Krippe aus dem alten Stamm. Dann füllte er sie mit duftendem Heu.

Und an Heiligabend legten sie das Jesuskind in diese Krippe. – So war der alte Baum doch noch zu etwas nütze. Er durfte das Schönste erleben, was ihm passieren konnte: Er schenkte dem Gotteskind Halt und Geborgenheit.

Monika Endres

17. Ein kleiner Engel macht sich Sorgen

Thema Manchmal können wir Menschen von den Tieren lernen

Vorlesedauer ca. 3 Minuten

Alter ab Grundschule

Hinführung Es gibt auch unter den Tieren welche, die als frech, einfältig und störrisch gelten. Ob die alle bereit waren, als das Kind in Bethlehem geboren wurde?

Der kleine Engel Benjamin faltet artig seine Flügel zusammen. Er pocht vorsichtig ans Wolkentor des großen Engels Gabriel. Streng schaut ihm Gabriel entgegen. »Hast du endlich deinen Auftrag erfüllt?«, fragt er und zieht die Augenbrauen hoch. »Sind alle Tiere da unten in dem ärmlichen Stall auf das große Fest vorbereitet?«

»Ich hab getan, was ich konnte«, flüstert der kleine Engel. »Die munteren Vögel werden ihre Schnäbel nicht zu weit aufsperren, sondern ein leises, sanftes Schlaflied für das Kind zwitschern. Die große Eule wird das Kind nicht erschrecken mit ihren dunklen Flügeln, sondern sich brav auf den Dachbalken setzen und die Nacht mit ihren glühenden Augen ein bisschen heller machen. Die Putzengel haben die frechen Fliegen und Flöhe schon herausgewedelt. Die Schlange hat strengstes Einschleichverbot. Auf die vorwitzigen Mäuse passen die schlauen Dorfkater Mausi und Peter auf. Sie wissen ganz genau: Krallen zeigen – aber Fressverbot!

Nur Ochs und Esel machen mir Sorgen. Dieser einfältige Ochse ist ein missmutiger, langweiliger, dummer Geselle. Er wedelt mir mit seinem eklig schmutzigen Schwanz vor der Nase herum, dass mir ganz schlecht wird. Dann drückt er seinen mächtigen Körper und den Kopf an die Stallwand, dass sich die Balken biegen. Dazu schnaubt er ganz widerlich, dass der Staub aufwirbelt. An dem haben wir keine Hilfe. Und der Esel ist noch schlimmer! Er ist aufsässig und störrisch. Er besteht darauf, dass er nach der schweren Arbeit am Tag wenigstens in der Nacht in Ruhe fressen kann. Der lässt nicht den kleinsten Strohhalm in der Krippe.

Und er geht bestimmt nicht vor die Tür, um seine Notdurft zu verrichten. Der Ochse übrigens auch nicht.«

»Na, das kann ja heiter werden!«, meint Gabriel. »Was sollen wir machen?«

»Ich glaube«, wagt der kleine Engel Benjamin schüchtern zu bemerken, »wenn Gott selber auf die Erde kommen will, wird er auch die störrischen Menschen und Tiere, sogar Ochs und Esel, zur Vernunft bringen.«

»Warten wir's ab!«, sagt Gabriel und faltet die Engelshände zu einem dringenden Stoßgebet. – Und dann geschieht wirklich das Wunder:

Die erschöpfte Maria, der müde aussehende Josef und das zitternde hilflose Kind rühren das Herz von Ochs und Esel und sie treten zur Seite, hauchen ihren Atem vorsichtig über die Krippe, holen immer wieder ein Maul voll frisches Stroh herbei, treten vor die Tür, wenn es sein muss, wedeln die neugierigen Mücken und Fliegen fort, die sich immer wieder hineinwagen – kurz: Sie empfangen das Kind mit aller Liebe und Sorgfalt, deren das Herz eines Ochsen und Esels fähig ist.

»Die Menschen können sich an den Tieren ein Beispiel nehmen«, denkt der kleine Engel Benjamin gerührt.

Barbara Cratzius

18. Die Versöhnung

Thema	Das Licht von Weihnachten kann versöhnen
Vorlesedauer	ca. 4 Minuten
Hinführung	Heiligabend kann einen Zauber haben, der das Wunder einer Umkehr leichter möglich macht – auch in der Familie.

Es ist Heiligabend. Mit schweren, schleppenden Schritten geht Kurt auf das Krankenhaus zu. In seinem Gesicht spiegeln sich die unterschiedlichsten Gefühle wider. Die Augen verraten Angst und Sorge, aber in den Mundwinkeln liegt ein bitterer Zug.

Gestern Nachmittag ist seine Tochter eingeliefert worden. Aber erst am späten Abend, nach Ablauf der Besuchszeit, hatte es sein Schwiegersohn für nötig gefunden, ihn von Mariannes Kreislaufzusammenbruch zu unterrichten.

Kurt hasst seinen Schwiegersohn. Ihm hat Marianne das ganze Elend ja zu verdanken. Haushalt, Familie, Bürodienst – alles lastet auf ihr. Und das nur, weil Thomas die Kosten für eine Schreibkraft in seinem Handwerksbetrieb einsparen will. Lieber lässt er da schon die eigene Ehefrau unter dieser Doppelbelastung zugrunde gehen …

Das Schlimmste ist, dass Marianne diesen Ausbeuter auch noch verteidigt. Jedes Mal, wenn Kurt einen neuen Anlauf unternimmt, um seine Tochter davon zu überzeugen, wie töricht es ist, auch nur einen Tag länger mit diesem Menschen unter einem Dach zu leben, streicht Marianne ihm bloß liebevoll durch sein schütteres Haar. »Ach, Paps«, pflegt sie dann müde zu lächeln. »Du weißt doch, wie schwer es für einen jungen Meister ist, sich über Wasser zu halten. Eine Bürokraft können wir uns einfach nicht leisten. Versteh doch, Thomas muss die Fixkosten so niedrig wie möglich halten …«

Nach solchen fruchtlosen Gesprächen muss Kurt stets an sich halten, um seinem Schwiegersohn nicht sofort an die Gurgel zu gehen.

Auch jetzt, da er langsam die Stufen zum Portal heraufsteigt, hält Kurt grimmig Ausschau nach dem Verursacher seines Kummers. Er entdeckt ihn, als er in den Gang einbiegt, der zu Mariannes Zimmer führt. Ein wunderschöner Weihnachtsbaum steht dort, die Lichterketten leuchten. Sie dringen nicht in seine Augen. Noch nicht. Für Sekunden schwellen die Adern auf seiner Stirn bedrohlich an. Festen Schrittes geht er auf Thomas zu, der in zusammengesunkener Haltung, den Kopf in die Hände gestützt, auf einer schmalen Besucherbank hockt.

Kurt will zu einer scharfen Bemerkung ansetzen, aber die Worte bleiben ihm im Hals stecken. Blass, mit eingesunkenen Augen, sieht sein Schwiegersohn zu ihm auf. Doch es sind nicht die Zeichen tiefster Erschöpfung, die Kurt allen Wind aus den Segeln nehmen, sondern es sind die hilflos bebenden Lippen seines Gegenübers.

»Sie machen gerade Visite«, sagt Thomas, und er tut dies so leise und stockend, dass seine Worte kaum zu verstehen sind.

Kurt spürt, wie sich seine aufgestauten Gefühle Bahn brechen wollen. Aber er ist längst nicht mehr sicher, welches von ihnen die Oberhand behalten wird. Das Licht der Kerzen dringt in ihn ein.

Eine wundersam beruhigende, barmherzige Macht streicht glättend über seine Seele, und dann hört Kurt sich plötzlich einen Satz sagen, von dem er nicht geglaubt hat, dass er ihm jemals über die Lippen kommen werde: »Es wird alles gut, mein Junge.«

Renate Dopatka

19. Zwiegespräch an der Krippe

Thema	Dafür bin ich in die Welt gekommen …
Vorlesedauer	ca. 2½ Minuten
Hinführung	Das Kind in der Krippe möchte von uns keine wertvollen Geschenke. Ihm sind ganz andere Dinge wichtig.

Ein kleiner Junge ist stolz darauf, einen Großvater zu haben, der Figuren schnitzen kann. Es ist schon faszinierend zuzusehen, wie langsam aus einem Stück Holz »lebendige« Gestalten entstehen. Der Junge vertieft sich so in die geschnitzten Krippenfiguren, dass sich seine Gedanken mit der Welt der Figuren vermischen: Er geht mit den Hirten und Königen in den Stall und steht plötzlich vor dem Kind in der Krippe.

Da bemerkt er: Seine Hände sind leer! Alle haben etwas mitgebracht, nur er nicht. Aufgeregt sagt er schnell: »Ich verspreche dir das Schönste, was ich habe! Ich schenke dir mein neues Fahrrad – nein, meine elektrische Eisenbahn.«

Das Kind in der Krippe schüttelt lächelnd den Kopf und sagt: »Ich möchte aber gar nicht deine elektrische Eisenbahn. Schenke mir deinen – letzten Aufsatz!«

»Meinen letzten Aufsatz?«, stammelt der Junge ganz erschrocken, »aber da steht doch …, da steht ›ungenügend‹ drunter!«

»Genau deshalb will ich ihn haben«, antwortet das Jesuskind. »Du sollst mir immer das geben, was ›nicht genügend‹ ist. Dafür bin ich in die Welt gekommen!«

»Und dann möchte ich noch etwas von dir«, fährt das Kind in der Krippe fort, »ich möchte deinen Milchbecher!« Jetzt wird der kleine Junge traurig: »Meinen Milchbecher? – Aber der ist mir doch zerbrochen!« »Eben deshalb will ich ihn haben«, sagt das Jesuskind liebevoll, »du kannst mir alles bringen, was in deinem Leben zerbricht. Ich will es heil machen!«

»Und noch ein Drittes möchte ich von dir«, hört der kleine Junge wieder die Stimme des Kindes in der Krippe, »ich möchte von dir noch die Antwort haben, die du deiner Mutter gegeben hast, als sie dich fragte, wieso denn der Milchbecher zerbrechen konnte.«

Da weint der Junge. Schluchzend gesteht er: »Aber da habe ich doch gelogen. Ich habe der Mutter gesagt: ›Der Milchbecher ist mir ohne Absicht hingefallen.‹ Aber in Wirklichkeit habe ich ihn ja vor Wut auf die Erde geworfen.«

»Deshalb möchte ich die Antwort haben«, sagt das Jesuskind bestimmt, »bring mir immer alles, was in deinem Leben böse ist, verlogen, trotzig und gemein. Dafür bin ich in die Welt gekommen, um dir zu verzeihen, um dich an die Hand zu nehmen und dir den Weg zu zeigen.«

Und das Jesuskind lächelt den Jungen wieder an. Und der schaut und hört und staunt.

Nach Walter Baudet

20. Rosmarin

Thema	Von einem kleinen Wunder am Wegesrand
Vorlesedauer	ca. 8 Minuten
Hinführung	Wenn der große Gott sich als kleines Kind in der Krippe zeigt, dann darf jeder hübsch bescheiden auftreten.

An einer unscheinbaren Straße, irgendwo im Heiligen Land, wuchsen an einer Stelle ein Dornbusch, ein Rosenstrauch und ein Rosmarin. Der

Dornbusch war sehr stolz auf seine Kraft, immerhin hatte er schon so manchem Reiter und Wanderer heimlich ein Loch in das Kleid gerissen. »Kennt ihr die Geschichte«, so begannen seine stundenlangen Prahlereien, »als ich dem König Herodes hier, jawohl hier an dieser Stelle einen ellenlangen Riss in seine feine, römische Haut verpasste?«

»Ja, diese Geschichte kennen wir«, gähnte der Rosenstrauch, »wir haben sie schon siebentausend Mal gehört.«

Dann war es wieder für ein paar Monate still an der unscheinbaren Straße, irgendwo im Heiligen Land.

»Freunde, Freunde«, schrie der Rosenstrauch eines Tages auf, »es ist so weit, ich beginne zu blühen! Hurra!«

»Jedes Jahr das gleiche Getue«, murmelte der Dornbusch, »und alles nur wegen der paar läppischen Blüten.« Und laut sagte er: »Aber auch dieses Jahr, gnädige Frau, wird Eure Schönheit niemand bewundern.«

»Dämlicher, grober Kerl«, schimpfte die Blume, »meine Verwandten erblühen an allen Königshöfen der Welt. Ich bin eben auserwählt, in diese traurige, trostlose Landschaft ein bisschen Schönheit zu bringen. Was man von dir, Dornbusch, nicht gerade behaupten kann. Von unserem Rosmarin ganz zu schweigen.« Damit war wieder mal ein Themenwechsel gelungen. »Worin besteht eigentlich deine Aufgabe?«

Und der Dornbusch ächzte: »Weder Stacheln noch Blüten, nichts außer diesem unangenehmen Geruch.«

»Ich streite mich nicht mit euch«, sagte der Rosmarin, »ich bin Gottes Geschöpf wie ihr und stehe hier sicher nicht umsonst. Ich habe nämlich weder Lust, Menschen zu verletzen, noch mit oberflächlichem Gehabe zu blenden.«

»Also, hast du das gehört?!«, zeterte die Rose.

»Unverschämtheit!«, donnerte der Dornbusch. »Am besten nicht beachten.«

Dann war es wieder für einige Monate still an der unscheinbaren Straße, irgendwo im Heiligen Land.

Es gab während dieser Zeit keine besonderen Vorkommnisse: Zwölf Soldaten, sieben Kaufleute und ein Schafhirte mit seiner Herde waren vorübergezogen, ohne auch nur die geringste Notiz von den drei Pflanzen zu nehmen. Dann, es war zu der Zeit, als die Nächte sehr kühl wurden, bewegte sich eine kleine Gruppe auf die Sträucher zu.

»Wenn der Esel ein bisschen schneller gehen würde«, sagte der Dornbusch, »könnte ich seiner Herrin ein Stück ihres Tuches rauben.«

»Wird er nicht, die alte Klappergestalt«, erwiderte die Rose, »aber der Mann sieht so aus, als hätte er Geschmack. Er könnte, ja, ich bin mir ziemlich sicher, dass er es tun wird, er könnte seiner Frau eine meiner Blüten schenken.«

Der Rosmarin brachte kein Wort hervor. Was hätte er auch sagen sollen? Aber er spürte ein unheimliches Knistern in der Luft – er wusste nicht, woher es kam, und das beunruhigte ihn ein wenig.

Der Esel mit der Frau und der Mann waren nun schon ganz nahe herangekommen. »Lasst uns eine Rast machen«, sagte die Frau.

»Ja, eine gute Idee«, antwortete der Mann.

»Eselin, halte dort bei dem Dornbusch.«

Der Dornbusch wurde von dieser unerwarteten Wendung völlig überrascht – noch nie hatte jemand es gewagt, in seinem Schatten zu rasten. Obwohl bei dieser Gelegenheit sicher ein Kleider-, vielleicht sogar ein Hautfetzen für ihn abfallen könnte.

»Also, das ist wieder einmal typisch Mann«, hörte der Busch plötzlich die Eselin keifen, »will seine hochschwangere Frau in die Nähe eines Dornbusches bringen. Siehst du nicht die Stacheln, die nur darauf warten, ihre Kraft zu zeigen?« Noch bevor der Dornbusch auf die Eseln losschimpfen konnte, sagte die Frau: »Die Eselin hat recht, Josef, sieh doch nur den Rosenstrauch. Wie schön er blüht. Lass uns dort ausruhen.«

»Seid ihr denn noch bei Trost?«, schrie die Eselin. »Soll das Kind schon im Mutterleib von vergänglicher Schönheit geblendet werden? Wenn ihr glaubt, ich schleppe mich den ganzen Tag mit euch ab, um unter einem Rosenstrauch alle viere von mir zu strecken, irrt ihr euch.«

»Von dir war auch nicht die Rede, Eselin«, sagte Josef ruhig, »also halt an. Hier rasten wir.«

Rose und Dornbusch waren von dem Wortwechsel so überrascht, dass es ihnen die Sprache verschlug.

»Ich denke nicht daran«, sagte die Eselin, »dort vorne liegt das Goldrichtige für uns drei – ein Rosmarinstrauch. Bescheiden, zart, duftet herrlich, schmeckt gut, und das Ungeziefer hält er auch fern.«

»Wenn du meinst, dass er deine Flöhe vertreibt, gut, dann setzen wir uns eben dort nieder. Nur tun wir es endlich!«

Die Eselin galoppierte an Dornbusch und Rosenstrauch vorbei zum Rosmarin. Maria stieg ab und machte es sich neben dem Strauch gemütlich.

»Du hattest recht, Eselin«, lobte Maria, »dieser Strauch ist wunderschön, und wie er duftet!«

Dornbusch und Rosenstrauch waren sprachlos. Keiner konnte sein eigenes Schicksal fassen. »Na ja, Ausländer! Was soll man da erwarten«, fand der Dornbusch.

»Ohne Geschmack und Würde, sehr gewöhnliches Volk«, pflichtete ihm die Rose bei. Nur der Rosmarin schwieg. Das Knistern in der Luft und seine Aufregung schnürten ihm fast den Atem ab.

»Ja, manchmal soll man auch Eseln glauben«, lachte Josef und streckte sich der Länge nach hin.

Die Eselin verschlang inzwischen schmatzend die köstlichen, festen Rosmarinblätter, und der Rosmarin ließ es sich gern gefallen, ja, er war sogar stolz darauf. Und als Maria sagte, Josef solle doch ihren blauen Mantel über den Strauch hängen, damit er mehr Schatten gebe, wurde das Knistern, das in der Luft lag, beinahe unerträglich für den Rosmarin. So saßen sie fast zwei Stunden, Maria hatte die Augen geschlossen, Josef suchte sorgenvoll den Horizont nach fremden Reitern ab, und die Eselin kaute zufrieden am Rosmarin.

»Lasst uns weiterziehen«, sagte Josef, »damit wir vor der Dunkelheit noch einen Unterschlupf finden.«

Maria erhob sich, wollte schon auf die Eselin steigen, kehrte aber noch einmal um und pflückte zwei Hände voll Rosmarinzweige. »Das wird unserem Kind gefallen, wenn es dich, Rosmarin, als ersten Blumenduft auf dieser Welt riechen darf!«

Sie bestieg den Esel, und dann trottete die kleine Gruppe weiter – auf der unscheinbaren Straße, irgendwo im Heiligen Land.

Viele Tage herrschte Schweigen. Dornbusch, Rose und Rosmarin dachten viel, sehr viel nach. Und alle drei kamen zu dem Schluss, dass keiner ihrer Gedanken über die Frau, den Mann und die Eselin einen Sinn ergaben. Aber gerade deshalb konnten sie nicht aufhören, darüber nachzudenken, denn diese zwei Stunden waren so anders, so außergewöhnlich gewesen – und keiner von ihnen konnte sich einen Reim darauf machen.

Das Datum, das alles erklären sollte, rückte immer näher. Maria und Josef hatten, weit von der Stelle ihrer Rast an der unscheinbaren Straße irgendwo im Heiligen Land entfernt, einen Stall gefunden. Josef hatte eine Futterkrippe bereitgestellt, Maria hatte sie mit Stroh ausgelegt und dann aus ihrem Sack die Rosmarinzweiglein geholt. »Er duftet immer noch«, sagte sie und legte die Zweige dorthin, wo wenige Stunden später das Kind liegen sollte, das alles erklären würde ...

Als der Morgen des 25. Dezember anbrach, das Licht vorsichtig in den ersten Tag einer neuen Zeit lief, da war weit, weit von der Krippe entfernt, an einer unscheinbaren Straße irgendwo im Heiligen Land, noch ein Wunder geschehen: Einem nackten, bescheidenen Rosmarinstrauch waren in dieser Nacht Blüten, blau wie der Himmel, gewachsen!

Folke Tegetthoff

21. Die letzte Besucherin

Thema	Evas Apfel wird zur neugeborenen Weltkugel
Vorlesedauer	ca. 3½ Minuten
Hinführung	Manche Weihnachtsgeschichten erinnern gerne an das Paradies, das einmal verloren ging.

Es geschah in Bethlehem bei Tagesanbruch. Der Stern war gerade verschwunden, und der letzte Besucher war aus dem Stall gegangen. Die Jungfrau Maria hatte das Stroh aufgelockert, und endlich war das Kind eingeschlafen.

Sanft öffnete sich die Tür – man würde sagen, mehr von einem Windhauch als von einer Hand geöffnet. Eine Frau erschien auf der Schwelle. Sie war in Lumpen gehüllt und so alt und runzlig, das in ihrem erdfarbenen Gesicht der Mund wie eine einzige Runzel erschien. Als Maria sie sah, bekam sie Angst, als ob eine böse Fee eintreten würde. Zum Glück schlief Jesus! Ochs und Esel kauten friedlich ihr Stroh, ohne sich zu wundern, dass die Fremde hervortrat, als würden sie sie schon immer kennen. Maria ließ sie nicht aus den Augen. Jeder Schritt, den sie machte, schien so lang zu sein wie ein Jahrhundert.

Die Alte bewegte sich weiter nach vorn, und jetzt war sie am Rand der Krippe angelangt. Gott sei Dank, Jesus schlief immer noch. Doch plötzlich öffnete das Kind die Augen, und seine Mutter war sehr erstaunt, als sie bemerkte, dass die Augen der Frau und die des Kindes sich ähnelten und von derselben Hoffnung leuchteten.

Die Alte beugte sich nun über das Stroh, während sie mit der Hand in ihren Lumpen nach etwas suchte. Und es schien, als ob sie noch Jahrhunderte brauchen würde, um es zu finden. Maria betrachtete sie noch immer mit derselben Beunruhigung. Die Tiere schauten sie auch an, aber unaufhörlich ohne Verwunderung, als wüssten sie schon im Voraus, was passieren würde.

Endlich, nach sehr langer Zeit, zog die Alte aus ihrer Kleidung, noch versteckt in der Hand, einen Gegenstand hervor, den sie dem Kind gab. Was war das für ein Geschenk nach all den Schätzen der Magier und den Gaben der Hirten? Woher kam diese Frau? Maria konnte das Geschenk nicht sehen. Sie sah nur den Rücken der Frau, der durch das Alter gekrümmt war und der sich noch mehr krümmte, während sie sich über die Krippe beugte. Aber Esel und Ochs, die beiden, sahen das Geschenk und – wunderten sich immer noch nicht.

Es dauerte noch eine ganze Zeit. Dann richtete sich die alte Frau wieder auf, wie von einer sehr schweren Last erleichtert, die sie zu Boden gezogen hatte. Ihre Schultern waren nicht mehr gekrümmt; ihr Kopf berührte fast das Gebälk, und ihr Gesicht hatte auf wunderbare Weise seine Jugend wiedergefunden. Und als sie sich von der Krippe entfernte, um die Tür wieder zu erreichen, verschwand sie in der Nacht, aus der sie gekommen war. Erst jetzt konnte Maria das geheimnisvolle Geschenk sehen:

Eva, denn sie war es gewesen, hatte dem Kind einen kleinen Apfel gegeben, den Apfel der ersten Sünde, der viele andere folgen sollten! Und der kleine rote Apfel leuchtete in den Händen des Neugeborenen ebenso wie die Weltkugel, die soeben mit ihm neu geboren worden war.

Jeróme und Jean Tharaud

Die Gaben des heiligen Nikolaus

. . . .

22. Die Gaben des Nikolaus

Thema	Manchmal hat der »Himmel« die Finger im Spiel
Vorlesedauer	ca. 5 Minuten
Hinführung	Was passieren kann, wenn Nikolaus am 6. Dezember die Säcke mit den Geschenken verwechselt, davon erzählt die folgende Geschichte:

Es war das erste Mal, dass Jürgen Baumert am Abend des 6. Dezember den Nikolaus spielte. Die studentische Arbeitsvermittlung hatte ihm diesen Job vermittelt, und er hatte ihn angenommen, vorwiegend im Hinblick auf sein bedenklich leeres Portemonnaie. Er zog den roten Mantel mit dem weißen Pelzbesatz über, stülpte die Kapuze über seinen braunen Haarschopf und befestigte den künstlichen Bart mit einem Gummiband. Dann ergriff er die beiden gefüllten Jutesäcke und machte sich auf den Weg zu seinen beiden ersten Auftraggebern.

Das Haus, das er zuerst aufsuchte, lag in einer tristen Vorortstraße, eine hohe, graue Mietskaserne mit bröckelndem Verputz. Er stapfte die endlose Treppe hinauf, immer nach den Namensschildern Ausschau haltend; wahrhaftig – die Leute wohnten ganz oben unterm Dach. Sacchetti hießen sie – ein komischer Name. Er klingelte an der Tür, und eine südländisch wirkende Frau öffnete ihm. Schon als er eintrat, hatte er das Gefühl, dass hier etwas nicht stimmen konnte. Alles war sauber und ordentlich aufgeräumt, aber die Einrichtung war karg, fast ärmlich. Das war keine Familie, die es sich leisten konnte, einen Studenten als Nikolaus zu mieten. Er schaute nochmals auf den Zettel – aber es stimmte: Sacchetti, Wehrbaumstraße 16.

Der kleine Junge hieß Donato und war sehr zutraulich. Im Gegensatz zu seinen Eltern konnte er sich gut deutsch ausdrücken. »Guten Abend, Nikolaus!«, sagte er und gab brav seine Hand. Jürgen öffnete den Sack und holte die Geschenke hervor. Ein echt lederner Fußball kam zum Vorschein, ein rotes Auto zum Fernsteuern, ein buntes Bilderbuch, Schokolade. Verdammt! In seiner Aufregung hatte er die beiden Säcke verwechselt. Das Kind sah mit großen Augen auf all die Herrlichkeiten. Eine ganze Weile sagte es gar nichts, dann wurde die Freude in ihm übermächtig und es rief begeistert: »Bello, che belle cose!« Was für schöne Sachen! Jürgen wusste schon in diesem Moment, dass er dem kleinen Donato auf keinen Fall die vertauschten Geschenke wieder wegnehmen würde. Eher würde er sie für das andere Kind neu kaufen, damit es keine Scherereien gäbe. Sein Entgelt für den Nikolaus-Job wäre damit natürlich weg. Er beschloss, es erst einmal mit dem Inhalt des anderen Sackes zu versuchen.

Familie Kolditz wohnte in einem gepflegten Eigenheim in einer weitaus besseren Gegend. Ein dienstbarer Geist in einer weißen Schürze öffnete ihm und führte ihn ins Wohnzimmer, wo der fein herausgeputzte Junge mit seinen Eltern schon auf ihn wartete. Jürgen, der Nikolaus, beschloss, sich blindlings in sein Unglück zu stürzen, und öffnete den Sack. Zum Vorschein kamen einfache, zurechtgehobelte Klötze zum Bauen, ein billiges Malbuch mit Buntstiften und Äpfel und Nüsse. Die Eltern machten große Augen und sagten vorerst gar nichts.

Dafür war der Junge umso lebhafter. »Richtige Bauklötze!«, rief er begeistert. »Da kann ich mir immer was anderes ausdenken.« Die Eltern schwiegen noch immer und sahen einander betreten an. »Und ein Malbuch!«, rief der Junge entzückt, »auf der einen Seite kann man Enten und Häuser ausmalen und die andere ist leer. Da male ich hin, was ich will.«

Der Junge griff nach den Süßigkeiten, nahm einen Apfel in die Hand und biss herzhaft hinein. »Schmeckt prima«, erklärte er befriedigt, »solche Äpfel bringt der Uwe immer mit in den Kindergarten.«

So war das also. Vertauschte Säcke und dennoch bei beiden Kindern Glück und Seligkeit. Jürgen Baumert dachte, dass Sankt Nikolaus auch heute noch manchmal ein Wunder tut.

Der Rest ist schnell erzählt. Jürgen gestand den Eltern Kolditz seinen Irrtum ein und erbot sich, den Schaden zu ersetzen. »Das kommt gar nicht in Frage«, sagte der Vater des Jungen entschieden. »Wir wollten unseren Sohn beschenken, und das haben wir mit Ihrer Hilfe getan. Wir haben heute Abend manches gelernt. Lassen wir die Sache, wie sie ist. Wir sind quitt.«

Blieb noch die Frage, wer den heiligen Nikolaus zur Familie Sacchetti geschickt hatte. Ein anderer Student wusste, dass Herr Sacchetti arbeitslos war, und er wollte dem kleinen Donato eine Freude machen. Er hatte die Holzklötze selber zurechtgehobelt und die anderen Dinge gekauft. Aber er wollte nicht selbst den Nikolaus spielen, weil er fürchtete, der kleine Donato würde ihn an der Stimme erkennen.

Jürgen Baumert zog den Purpurmantel aus, legte den weißen Bart ab und hatte das Gefühl, als seien diese Dinge viel mehr als eine heitere Verkleidung gewesen.

Margarete Kubelka

23. Das Geschenk des heiligen Nikolaus

Thema	Die Geschenke des heiligen Nikolaus
Vorlesedauer	ca. 7 Minuten
Alter	ab Grundschule
Hinführung	Märchen zeigen Wege ins Glück und ins Unglück auf. Wir sind oft selbst dafür verantwortlich, welche Gaben uns in unserem Leben Glück bringen.

Es war bitterkalt in jenem Jahr, so kalt wie nie zuvor. Und es war der Abend vor dem Tag des heiligen Nikolaus.

Unerkannt ging der Heilige an diesem Abend durch die Lande, wie er es zuweilen zu tun pflegte. Er gelangte an den Hof des Königs. Dort traf er drei kleine Brüder beim Versteckspiel. »Was macht ihr hier am Hof des Königs?«, fragte Nikolaus die drei Kinder.

»Wir sind Waisen, Herr. Der König hat uns an seinem Hof aufgenommen; er ernährt und kleidet uns und lässt uns hier erziehen«, antwortete einer der Jungen.

»Ich bin der heilige Nikolaus«, sagte da der fremde Mann. »Ich bin gekommen und will euch zu reichen Männern machen. Jeder darf einen
Wunsch aussprechen, den ich ihm erfüllen werde.«

Die drei Brüder staunten und konnten ihr Glück gar nicht fassen.

»Nun, was wünschst du dir?«, fragte der Heilige den Ältesten.

»Ich wünsche mir eine riesengroße Schafherde und dazu Weideland, so-
weit das Auge reicht.«

»Du bekommst deine Schafe und das Weideland«, sprach der heilige Nikolaus.

»Und was willst du?«, fragte er den Zweiten.

»Ich will einmal ein großer Kaufherr werden. Und dazu brauche ich eine
Stadt mit vielen Kaufläden.«

»Du wirst deine Stadt und dazu die Läden bekommen«, bekam er zur
Antwort.

»Und du, was willst du von mir als Geschenk?«, fragte der Heilige den
jüngsten Bruder.

»O Herr«, sagte der, »ich glaube, es ist am wichtigsten, eine Frau zu bekommen, mit der man sich in allem versteht und die ein gütiges Herz
hat.«

»Auch dieser Wunsch soll erfüllt werden«, sagte Nikolaus und ging darauf seiner Wege.

Nach ein paar Jahren, als die drei Jungen erwachsen geworden waren,
erfüllten sich die Wünsche. Der Älteste bekam eine große Schafherde
und ausgedehntes Weideland. Der Zweite wurde einer der reichsten
Kaufleute im Land mit einer Stadt voller Läden, in denen man kaufen
konnte, was das Herz begehrte. Der dritte Bruder aber, der Jüngste, fand
eine Frau, die die Güte selbst war und die er innig liebte.

Und wiederum vergingen einige Jahre. Da ging der heilige Nikolaus am
Vorabend seines Festes wieder unter die Menschen. Er war aber diesmal
in Lumpen gekleidet wie ein Bettler, sodass ihn niemand erkennen
konnte.

Zuerst besuchte er den Ältesten der Brüder, den, dem er den Wunsch
nach einer großen Schafherde erfüllt hatte.

»Guten Abend«, sagte Nikolaus.

»Schönen guten Abend«, erwiderte der junge Mann.

»Schenkst du mir bitte etwas, denn morgen ist das Fest des heiligen Nikolaus.«

»Oh nein«, sagte da der Mann. »Das kann ich nicht machen. Wie käme ich dazu, jedem Fremden etwas zu schenken? Mein Reichtum wäre bald dahin. Aber nimm meine besten Wünsche für eine glückliche Weiterreise.«

»Aber du hast deinen Reichtum doch nicht deinem eigenen Fleiß zu verdanken, du hast doch alles geschenkt bekommen«, wandte der Alte in Lumpen ein. »Der heilige Nikolaus hat dir alles gegeben. Doch da du so hartherzig bist, wirst du bald alles wieder verlieren.«

Der Fremde ging.

In jener Nacht erschlug ein mächtiger Blitz alle Schafe des reichen Mannes.

Der heilige Nikolaus zog weiter seines Wegs und gelangte in die Stadt des reichen Kaufmanns. Er ging zu ihm und entbot ihm einen guten Tag.

»Guten Tag, Fremder«, grüßte der Kaufmann zurück.

»Schenkst du mir etwas?«, fragte Nikolaus, »weil wir morgen ein großes Fest feiern.«

»Mach nur, dass du weiterkommst, Alter! Soll dir doch jemand anderer etwas schenken. Ich wäre ja bald ein armer Mann, wenn ich jeden Dahergelaufenen beschenken würde. Nein, von mir bekommst du nichts.«

»All die vielen Läden in deiner Stadt hast du aber nicht durch eigenen Fleiß erworben. Gott hat sie dir durch den heiligen Nikolaus geschenkt. Hast du das vergessen? Ich prophezeie dir, dass dir all dein Reichtum wieder genommen wird.«

Kaum hatte der Heilige die Stadt verlassen, brach ein großes Feuer aus, das alle Läden des Kaufmanns und seine Waren vernichtete.

Der heilige Nikolaus ging daraufhin zum jüngsten der drei Brüder und klopfte an die Tür seines bescheidenen Hauses. Der Mann öffnete die Tür, seine Frau trat herzu und beide baten ihn herzlich, einzutreten. »Sei uns willkommen«, begrüßten sie den Alten.

»Ich bin schmutzig«, erwiderte der vermeintliche Bettler. »Ich kann nicht hereinkommen in eure Stube. Aber wenn ihr hier an der Tür ein

Plätzchen für mich habt, so bin ich zufrieden. Dann muss ich nicht draußen in der Kälte nächtigen.«

»Nein und abermals nein«, riefen Mann und Frau wie aus einem Munde.
»Heute am Vorabend des Nikolaustages werden wir dich doch nicht vor
der Tür sitzen lassen. Bitte, tritt ein!« Und sie führten ihn mit vielen
guten Worten in die Stube; sie reichten ihm warmes Wasser, damit er
sich waschen konnte. Sie baten ihn auf ihren bequemsten Stuhl und
bewirteten ihn mit den besten Speisen und Getränken, die sie im Hause
hatten.

Der Fremde aß und trank und unterhielt sich mit seinen Gastgebern.
Dabei bemerkte er eine stille Traurigkeit, die die beiden zwar zu verber-
gen suchten, was ihnen aber nicht gelingen wollte. »Habt ihr irgendei-
nen Kummer?«, fragte der Heilige nach einer Weile.

Der Mann und die Frau schauten sich an. Und als die Frau nickte, begann der Mann zu sprechen: »Wir haben genug zu essen«, sagte er. »Wir
haben uns lieb und sind mit unserem Leben zufrieden. Nur beten wir
schon seit vielen Jahren, dass Gott uns ein Kind schenken möge. Doch
unsere Gebete wurden nicht erhört.«

Der fremde Mann sah die beiden lange an. Dann sprach er: »Ich bin der
heilige Nikolaus. Ihr habt mich bewirtet wie einen König, obwohl ich
aussehe wie ein Bettler. Ich werde euren Wunsch erfüllen. Ihr werdet
einen Sohn bekommen.« Nach diesen Worten erhob sich der heilige Nikolaus, ging zur Tür und verließ das Haus.

Übers Jahr aber, als der Herbst ins Land zog, gebar die Frau einen Sohn.
Ein Freudenfest wurde gefeiert, und die Eltern gaben dem Kind den
Namen Nikolaus. Dankbar gedachten sie des Heiligen, der ihren sehn-
lichsten Wunsch erfüllt hatte.

Märchen aus Albanien

24. Nikolaus erscheint einer Räuberbande

Thema   Der heilige Nikolaus als wundertätiger Heiliger

Vorlesedauer ca. 3½ Minuten

Hinführung Wie ein Kaufmann dazu kam, einer Ikone vom hl. Nikolaus einen Ehrenplatz zu geben.

Ein reicher Kaufmann hielt nicht viel davon, sich an den Heiligen ein Beispiel zu nehmen. Er erbte von seinen Eltern eine Nikolaus-Ikone, legte sie aber achtlos in eine Schublade. Eines Tages begab er sich mit seiner Familie und seinen Dienern auf eine mehrtägige Reise. Als er aufbrechen wollte, suchte er nach seinen Handschuhen und zog zufällig genau jene Schublade auf, in welcher die Ikone lag. Er lachte, nahm sie heraus und stellte sie hinter die Haustür. »Manche glauben ja«, sagte er, »dass du immer noch gute Taten vollbringst, heiliger Mann. Ich fordere dich auf, bewache während meiner Abwesenheit das Haus und Hab und Gut. Wenn du das tust, werde ich deinem Bild einen Platz in meinem Zimmer geben. Wenn du die Diebe jedoch nicht fernhältst, prügele ich dich mit meiner Peitsche.« Er verriegelte die Fenster und hängte vor die Haustür ein großes Schloss.

Es dauerte gar nicht lange, da merkte eine Räuberschar, dass das Haus des Reichen verlassen dalag. Es machte ihnen wenig Mühe, das Schloss aufzubrechen. Mit reicher Beute zogen sie davon. Als der Kaufmann heimkehrte und sah, was geschehen war, bejammerte er sein Unglück und beklagte die Schlechtigkeit der Welt. Voller Zorn griff er nach der Peitsche und schlug mit aller Kraft auf das Bild ein. Dann warf er es auf den Mist.

Die Räuber saßen zur selben Zeit in ihrem Versteck und teilten untereinander, was sie gestohlen hatten. Mit einem Male erschien ihnen eine Lichtgestalt, die so hell leuchtete, dass sie wie geblendet waren. Erst als sich ihre Augen an das Licht gewöhnt hatten, erkannten sie, dass ein Mann vor ihnen stand, der aus vielen Wunden blutete.

»Wer bist du?«, fragte der Räuberhauptmann zaghaft.

»Ich bin Nikolaus von Myra«, antwortete die Lichtgestalt.

»Euretwegen hat der Kaufmann, den ihr bestohlen habt, mich so zuge-
richtet. Ich bitte euch, bringt die Beute zurück, sonst werdet ihr entdeckt und endet alle am Galgen.« Nach diesen Worten verschwand das
Licht. Die Räuber rieben sich die Augen und beschlossen nach einigem
Überlegen, dem Rat des Heiligen zu folgen. Der Kaufmann staunte nicht
schlecht, als sie in sein Haus traten und das gesamte Diebesgut vor ihm
niederlegten. Der Räuberhauptmann erzählte, was sie erlebt hatten. Da
brach der Kaufmann in Tränen aus, suchte nach der Ikone und gab ihr
den besten Platz im ganzen Hause. Seine Frau schmückte das Bild mit
Blumen und Grün.

Es heißt, der Kaufmann habe danach mit seinem Reichtum viel Gutes
getan. Den Räubern habe er sogar geholfen, wieder zu einem anständi-
gen Leben zurückzufinden.

Willi Fährmann

25. Die Zaubernuss

Thema	Wer andere froh macht, wird darüber selber froh
Vorlesedauer	ca. 6 Minuten
Alter	ab Grundschulalter
Hinführung	Was hat es wohl mit der Zaubernuss auf sich? Ein Kind in der Klasse kommt dem Rätsel auf die Spur.

Als die Kinder morgens ins Schulhaus stürmten, jubelten sie. Im Schul-
zimmer neben dem Tisch der Lehrerin stand ein Korb – ein runder, großer Korb. Er war gefüllt mit Mandarinen, Nüssen und Lebkuchen. Da
wussten die Kinder: Heute Nacht war der Nikolaus da gewesen. Sie
schauten den Korb von links an, von rechts, von vorn, von hinten. Sie
zogen ihn ein kleines Stück vom Tisch weg. Sie schauten die Mandarinen, Äpfel, Nüsse und Lebkuchen genauer an. Welches war der schönste
Lebkuchen? Welches die größte Nuss? Ein Kind nahm eine Nuss in die
Hand. Da zog ein anderes Kind den Korb zu sich. Die Nüsse klapperten
aneinander. Ein Junge gab dem Korb einen Stoß.

In diesem Augenblick hörten sie die Schritte der Lehrerin im Treppenhaus. Sie nahm immer zwei Treppenstufen auf einmal, das hörte man ihren Schritten an, und es war ein Zeichen, dass sie guter Laune war. Doch starr blieb sie in der Tür des Schulzimmers stehen. Sie schaute auf den Korb, der jetzt vor den Bänken stand. Daneben lagen Äpfel, Lebkuchen und Nüsse. Die Lehrerin blickte auf eine Nuss, die über den Boden rollte; sie schaute auf die Mandarine, die ein Kind in der Hand hielt, und auf einen zerbrochenen Lebkuchen. Sie sagte kein Wort. Schnell legten die Kinder alles in den Korb zurück. Sie sahen, dass die Lehrerin bleich geworden war. Nicht einmal »Guten Tag« sagte sie heute.

Auch die Kinder waren stumm. Sie schlichen an ihre Plätze. Sie schauten auf den Boden, dann auf den Deckel ihrer Pulte. Die Lehrerin sagte: »Der Nikolaus hat euch einen Korb gebracht – und ihr könnt keine Minute warten. Jeder hat Angst, dass er zu kurz kommt!« Die Stimme der Lehrerin war nicht streng oder laut. Aber sie war sehr traurig – und das war für die Kinder viel schlimmer als laut oder streng. Das war überhaupt das Schlimmste, was passieren konnte.

Wenn die Lehrerin nämlich traurig war, sah sie aus, als ob sie im nächsten Moment weinen würde. Eine Lehrerin aber und weinen – davor hatten alle Kinder Angst!

Zum Glück wurde die Stimme der Lehrerin bald wieder fester, ein bisschen streng sogar, und sie sagte: »Hier steckt eine Papierrolle mitten in den Nüssen, Lebkuchen und Mandarinen. Sicher ein Brief vom Nikolaus. Wer will ihn lesen?« Niemand wollte. Alle waren jetzt ganz ängstlich, und die Lehrerin selbst musste das rote Band, das um die Papierrolle geschlungen war, öffnen und vorlesen. Wirklich, es war ein Brief vom Nikolaus. Er schrieb: »Das Beste, was ich euch schicke, ist die Zaubernuss. Sie liegt ganz oben im Korb, eingeklemmt zwischen drei Mandarinen, unter ihr liegt der Lebkuchen mit dem weißen Zuckerherz. Die Zaubernuss kann zaubern. Sie macht jeden, der sie verschenkt, froh. Sie macht auch jeden, der sie bekommt, froh.« Plötzlich schaute keines der Kinder mehr auf sein Pult. Alle starrten auf den Korb, in dem alles durcheinander war. Ausgerechnet der Lebkuchen mit dem weißen Zuckerherz war zerbrochen.

Als die Lehrerin dann die Geschichte vom heiligen Nikolaus, der drei armen Mädchen hilft, vorlas, hörte kein einziges Kind zu. Immer noch starrten sie auf den runden, großen Korb und die Dinge, die danebenlagen. Und alle dachten dasselbe: Welches ist die Zaubernuss? Wie kann man sie erkennen?

Dann gab die Lehrerin jedem Kind eine Nuss. Und alle Kinder umklammerten ihre Nuss sofort mit der Hand. Sie schlossen ihre Hände so fest, dass die Nüsse warm wurden. Die Spitzen der Nüsse bohrten sich in die Handflächen der Kinder. Ein Mädchen hielt die Nuss an sein Ohr. Ein Junge roch an seiner Nuss und umschloss sie schnell wieder. Jedes Kind dachte: Ist *meine* Nuss die Zaubernuss? Wem würde ich sie schenken? Wen möchte ich froh machen?

Da stand das Mädchen, das allein in der hintersten Bank saß und sonst nie ein Wort sagte, mit einem Ruck auf. Es redete einfach, ohne dass es die Hand aufgestreckt hatte. Ja, es ging mit kleinen Schritten nach vorn zum Tisch der Lehrerin, während es redete. Es sagte deutlich – und so viel hatte es noch gar nie gesagt, weil es ein ganz scheues Kind war: »Vielleicht ist meine Nuss die Zaubernuss. Ganz vielleicht. Darum will ich Ihnen meine Nuss schenken. Ich möchte, dass Sie wieder froh werden.«

Alle hatten gespannt zugehört und zugeschaut. Jetzt aber war es aus mit der Ruhe. Alle stürmten gleichzeitig nach vorn. 24 Nüsse lagen plötzlich auf dem Tisch. Die Lehrerin strich mit der Hand ihre langen Haare auf die Seite, und alle sahen ihr Gesicht: Ja, sie lachte. Und darum lachten jetzt auch die Kinder wieder. Alle miteinander waren sehr froh.

»Doch welche Nuss war jetzt die Zaubernuss?«, fragte ein Kind. Niemand wusste es. »Jede Nuss kann die Zaubernuss sein«, sagte die Lehrerin. »Darum schenke ich jedem von euch eine Nuss zurück. Erst wenn ihr sie weiterschenkt, merkt ihr, wer die Zaubernuss gehabt hat.«

Am nächsten Tag fragte die Lehrerin: »Wer von euch hatte nun die Zaubernuss?« »Ich, ich, ich …«, riefen alle Stimmen. Und jedes Kind erzählte, wie es seine Nuss sofort verschenkt hatte. Es erzählte, wie es ein anderes Kind, eine Frau oder einen Mann damit froh gemacht hatte – und wie es selbst dabei ganz froh und glücklich geworden war. »Wer weiß, vielleicht hat uns der Nikolaus lauter Zaubernüsse geschenkt«, sagte die Lehrerin. »Und wenn alle Zaubernüsse weiterwandern, von Hand zu Hand, wenn sie bis Weihnachten immer weiterverschenkt werden – vielleicht sind dann an Weihnachten alle Menschen der ganzen Stadt froh.«

Da klatschte das Mädchen in der hintersten Bank in die Hände. Und die anderen Kinder klatschten mit.

Regine Schindler

26. Die Legende vom armen Kaufmann und vom alten Teppich

Thema	Der hl. Nikolaus – in einer Geschichte aus unserer Zeit
Vorlesedauer	ca. 7 Minuten
Hinführung	Legenden haben einen wahren Kern. Hier lautet er: Menschen erfahren, dass der heilige Nikolaus ihnen in ihren Sorgen beisteht.

Herr und Frau Mühlen waren alt und grau geworden. Noch im Jahr zuvor hatte Herr Mühlen in seinem kleinen Laden gestanden und Heringe und Salz und Mehl verkauft. Aber die Geschäfte gingen immer schlechter. Als der Laden dann geschlossen wurde, blieb ein Berg von Schulden zurück. Die Mühlens hatten fast alles verkaufen müssen, was sie besaßen, um die Schulden bezahlen zu können. Nun hockten sie in einer Zweizimmerwohnung und wussten kaum, wie sie das Essen und die Miete für die nächste Zeit aufbringen sollten.

»Bald ist Nikolaustag«, sagte Herr Mühlen. Auch seine Frau erinnerte sich: »Weißt du noch? Solange wir uns kennen, haben wir jedes Jahr am Nikolausabend die ganze Familie zusammengerufen, eine Bienenwachskerze zur Ehre des Heiligen angezündet, die alten Lieder gesungen und die Kinder beschert.«

Sie weckten alte Geschichten wieder auf und erinnerten sich an die schöne Zeit der Nikolausfeste in den vergangenen Jahren, und für einen Abend war ihre Traurigkeit vertrieben.

»In diesem Jahr gibt es keine Kerze, keinen Wein, keine Nikolausfeier und auch keine Geschenke für die Kinder«, sagte Frau Mühlen. »Zum ersten Mal seit über vierzig Jahren werden wir das Nikolausfest nicht feiern können.«

»Wir sollten vielleicht irgendetwas verkaufen«, schlug der Mann vor.

»Verkaufen? Wir besitzen doch fast nichts mehr. Die Möbel, die wir haben, stammen vom Sperrmüll. Sogar die alte Uhr von meinem Vater haben wir hergegeben. Was willst du also verkaufen?«

»Den Teppich«, sagte er zaghaft.

Tatsächlich besaßen die Mühlens noch einen ziemlich großen orientalischen Teppich. Den hatte ihnen ein Onkel zu ihrer Hochzeit geschenkt. »Wer wird denn für diesen alten Teppich noch etwas geben?«, fragte die Frau. Sie hing sehr an dem alten Stück und hatte es während der ganzen Zeit ihrer langen Ehe sorgsam gepflegt. Aber dann fiel ihr ein, wie sehr sie beide das Nikolausfest vermissen würden, wie die Enkelkinder danach fragten, und dann dachte sie auch, dass der Heilige sich wundern könnte, wenn dieser Tag so sang- und klanglos vorüberginge. »Von mir aus, versuch es«, willigte Frau Mühlen schließlich ein.

Am nächsten Morgen rollte ihr Mann den Teppich auf und trug ihn zum Trödelmarkt. Die Last wog nicht leicht, und Herr Mühlen war ziemlich außer Atem geraten, als er die Rolle schließlich auf den Boden gleiten ließ. Kaum hatte er den Teppich ausgerollt, da trat ein alter Mann mit einem langen, weißen Bart und klugen, hellen Augen zu ihm und sagte: »Wollen Sie den Teppich verkaufen?«

»Ja, das will ich«, antwortete Herr Mühlen.

Der Alte prüfte das Material zwischen den Fingern und sagte: »Das ist ein schönes, altes Stück. So etwas sollten Sie eigentlich nicht weggeben.«

»Wir brauchen das Geld. Unsere Enkel kommen am Nikolausabend zu uns. Dann wollen wir mit ihnen feiern, haben aber kein Geld.«

»Soso«, murmelte der Alte. Schließlich blickte er Herrn Mühlen an und meinte: »Was würden Sie sagen, wenn Ihnen jemand für diesen Teppich siebentausend Euro anbieten würde?«

»Das müsste ein Verrückter sein«, lachte Herr Mühlen. »Wir besitzen ihn schon über vierzig Jahre. Wer, außer einem Verrückten, gäbe für einen alten Teppich so viel Geld?«

»Ich«, antwortete der Alte. Ehe sich Herr Mühlen von seinem Staunen erholt hatte, fuhr er fort: »Ich betrüge nicht, und dies ist wirklich ein kostbarer alter Teppich aus Persien. So etwas wird heute selten angeboten. Ich verstehe mich auf Teppiche.«

So kam es zum Handel. Herr Mühlen musste gleich mit in das Bankhaus am Flohmarkt. Der alte Mann holte dort vierzehn Fünfhundert-Euroscheine und gab sie Herrn Mühlen. Der hatte schon lange keinen roten Riesenschein mehr in der Hand gehabt und stand verwirrt in der Schalterhalle. Der alte Mann schüttelte ihm die Hand und lud sich die Teppichrolle auf die Schulter. Das geschah so leicht, als wöge der Teppich kaum etwas oder als sei der alte Mann geübt darin, des Öfteren eine schwere Last, etwa einen Sack, auf dem Rücken zu schleppen.

Herr Mühlen kaufte in den Läden rund um den Trödelmarkt gleich ein, was für das Nikolausfest gebraucht wurde: rotbackige Äpfel und dicke Apfelsinen, Nüsse und Plätzchen, Schokoladennikoläuse und einen guten Wein. Für die Enkel vergaß er die Geschenke nicht, und zur Feier des Nikolaustages erstand er eine ganz dicke, echte Bienenwachskerze. Spät kam er zu Hause an, beladen mit Päckchen, Tragetaschen und Tüten.

Frau Mühlen hatte lange auf ihren Mann gewartet und war im Laufe der Stunden sehr ärgerlich geworden. Kurz nachdem Herr Mühlen mit der Teppichrolle auf den Trödelmarkt gegangen war und sie gerade dachte, jetzt könnte er den Teppich ausgerollt haben, hatte es geschellt. Sie öffnete. Die Treppe herauf kam ein alter Mann mit einem langen weißen Bart. Er schleppte einen aufgerollten Teppich, ihren Teppich, in die Wohnung, blickte sie mit hellen Augen an und sagte: »Ich wollte Ihnen nur den Teppich heraufragen und wünsche Ihnen ein schönes Nikolausfest.«

Ehe sie ihn noch weiter befragen konnte, stapfte er schon wieder die Treppe hinunter. Was sollte Frau Mühlen anderes denken, als dass ihr Mann sich den Verkauf doch noch einmal überlegt hatte. – Vielleicht ist er ins Wirtshaus gegangen und will seinen Kummer ertränken, dachte sie bei sich. Sie nahm sich vor, ihn nicht besonders freundlich zu empfangen.

Und dann kam er, fröhlich und bepackt, und er staunte nicht schlecht, als er den Teppich wieder ausgerollt im Zimmer liegen sah. Vielleicht hat sich der alte Herr die Sache nochmal überlegt und will den Verkauf rückgängig machen, dachte er ein wenig ängstlich, weil einer der Fünfhundert-Euro-Scheine schon beträchtlich angeknabbert war. Aber einige Tage vergingen, und die Mühlens sahen und hörten nichts mehr von dem Alten.

So luden sie für den Nikolausabend ihre Kinder und Enkel wie eh und je zum fröhlichen Fest ein. Sie zündeten die dicke Nikolauskerze an und bescherten die Kinder.

Später erzählten die beiden alten Leute eifrig die seltsame Geschichte vom Teppich. Die Söhne und Töchter schämten sich ein wenig, denn sie hatten gar nicht gewusst, dass es bei ihren Eltern mit dem Geld so schlecht bestellt gewesen war.

Der kleine Enkel Ludwig, gerade vier Jahre alt, erkundigte sich genau nach dem alten Mann. »Er hatte wirklich einen langen, weißen Bart?«, fragte er.

»Ja, der Bart war silbrigweiß und lang.«

»Und seine Augen blickten hell und freundlich?«

»Ja, er schaute uns freundlich an«, bestätigten beide Großeltern.

»Und ganz leicht trug er den schweren Teppich? Er war es gewohnt, eine schwere Last zu schleppen?«

»Ja, du Quälgeist, alles war so, wie ich es vorhin schon erzählt habe«, gab der Großvater lachend Auskunft.

»Ich weiß, wer der alte Mann war«, sagte der kleine Ludwig bestimmt. »Ich kenne ihn.«

»So?«, fragte die Großmutter. »Du kennst ihn?« Da sind wir aber alle sehr gespannt.«

»Es war«, verkündete der kleine Ludwig selbstsicher, »es war der heilige Nikolaus selber.«

Zuerst lachten alle laut. Je länger sie jedoch über die Worte nachdachten, desto merkwürdiger kam ihnen die Antwort des kleinen Jungen vor, und sie spürten in ihrem Herzen, dass wohl ein Körnchen Wahrheit darin verborgen lag.

Willi Fährmann

Den Tannenbaum schmücken

· · · · · · · · · · ·

27. Der hässliche Tannenbaum

Thema	Auch Krummes und Hässliches lässt sich verschönern
Vorlesedauer	ca. 6 Minuten
Alter	ab Grundschule
Hinführung	Eine Lücke im Geäst eines Christbaums birgt ein weihnachtliches Geheimnis.

Im Wald stand ein kleiner Tannenbaum, der war ziemlich krumm und schief gewachsen. Seine Zweige waren staksig und ungleichmäßig. Auf der einen Seite bildeten sie sogar ein hässliches Loch, eine richtige Höhle. Im Frühling hatte ein Amselpärchen sein Nest darin gebaut. Das war eine schöne Zeit gewesen. Aber im Sommer waren die Eltern mit ihren Jungen davongeflogen. Im Herbst war das Nest verlassen und leer. Im Winter hing es in nassen Fetzen herunter. Es machte den kleinen Tannenbaum noch hässlicher.

»Aus dir wird nie ein schöner Christbaum werden!«, sagten die großen Bäume und schüttelten mitleidig ihre Wipfel.

Tatsächlich bedeutet es für jeden Tannenbaum eine besondere Ehre, ein Christbaum zu werden. Sein Leben ist dann zwar nur kurz, aber es hat doch ein strahlendes Ende. Das ist ihm wichtiger als alles andere.

Drei Winter lang gingen die Holzfäller an dem hässlichen kleinen Tannenbaum vorüber und ließen ihn stehen. Aber im vierten Winter kam endlich einer, der nahm ihn mit. Es war ein alter Mann, und er konnte nicht mehr so gut sehen. So landete der Tannenbaum mit vielen anderen auf dem Weihnachtsmarkt. Alle warteten auf einen Käufer. Die Leute kamen und griffen nach ihnen. Auch den kleinen Tannenbaum betrachteten sie von oben und unten und von allen Seiten. Doch dann sagten sie: »Nein, den nehmen wir nicht. Der hat ja ein Loch.«

Am Tag vor dem Heiligen Abend war nur noch der hässliche kleine Tannenbaum übrig. Der Verkäufer stellte ihn aufrecht hin und drehte ihn einmal herum. Er schüttelte den Kopf und dachte: »Aus dem werde ich wohl Brennholz machen müssen. Etwas anderes bleibt mir nicht übrig.«

In diesem Augenblick kam eine junge Frau vorüber. Die blieb stehen und fragte: »Kann ich das Bäumchen haben? Es ist ja ziemlich schief gewachsen. Aber seine Nadeln sind frisch und grün. Und es riecht, wie ein Weihnachtsbaum riechen soll.«

Der Verkäufer überließ ihr den Tannenbaum für ein paar Euro. Sie trug ihn nach Hause. Eigentlich hatte sie in diesem Jahr keinen Weihnachtsbaum haben wollen. Sie war nämlich berufstätig und sorgte allein für ihre kleine Tochter Marie. »Ein Christbaum macht viel zu viel Arbeit!«, hatte sie bis gestern gesagt. Aber im letzten Augenblick hatte sie nun doch nicht widerstehen können. Marie freute sich sehr über den Tannenbaum und rief: »Ich will ihn schmücken helfen!« Und ihre Mutter nickte.

Am Heiligen Abend zur Mittagszeit stellten sie den Baum im Wohnzimmer auf. Die Seite mit dem Loch drehten sie zur Wand. Dann schmückten sie die Zweige mit bunten Kugeln und silbernen Ketten. Sie steckten viele Kerzen darauf und hängten winzige Päckchen mit Süßigkeiten daran.

»Er ist wunderschön geworden!«, rief die kleine Marie und klatschte in die Hände. Sie konnte den Abend kaum erwarten. Zuerst gingen sie in die Kirche. Als sie nach Hause kamen, dämmerte es schon.

»Geh in dein Zimmer, Marie!«, sagte die Mutter. »Ins Wohnzimmer darfst du erst, wenn du das Glöckchen hörst.«

Marie gehorchte. Sie ging und holte schnell das Geschenk für die Mutter unten aus ihrem Kleiderschrank. Es waren zwei Topflappen, selbst gehäkelt und schön verpackt. Die Zeit wurde Marie lang. Sie stellte sich ans Fenster und blickte auf die dunkle Straße hinaus. Kein Mensch war zu sehen. Endlich ertönte das Glöckchen.

Vorsichtig öffnete Marie die Tür. Da war der Baum, leuchtend und bunt. Im Kerzenschein zeigte er stolz seinen Schmuck. Die Mutter saß am Kla vier und spielte »O du fröhliche«. Sie sangen das schöne Lied zweistimmig. Sie sangen noch andere Lieder. Endlich fiel ihnen keins mehr ein.

Marie freute sich sehr über die Sachen, die unter dem Baum lagen. Es waren ein Körbchen mit Wolle, eine Schachtel Buntstifte, ein Buch und ein bunter Teller voll leckerer Sachen. Aber die Puppe mit den Schlafaugen, die sie sich am meisten gewünscht hatte, war nicht dabei. Marie war recht enttäuscht. Doch das sollte die Mutter nicht merken.

»Soll ich den Tisch decken?«, fragte Marie. »Was gibt es zum Abendbrot?«

»Aber, Marie!«, sagte die Mutter. »Wo hast du denn deine Augen? Da ist doch noch ein Geschenk!«

Marie blickte sich suchend um. Doch sie konnte nichts entdecken. »Der Tannenbaum will es dir geben«, sagte die Mutter. »Schau ihn nur richtig an!«

Da trat Marie an den Baum und reckte den Hals. Und richtig! Durch die Zweige blitzte etwas Buntes, das mehr war als ein Christbaumschmuck. In dem Loch auf der Rückseite saß eine Puppe – die ersehnte Puppe mit Schlafaugen und richtigen Haaren. Sie lächelte und breitete die Arme aus. »Mutti!«, rief Marie mit strahlenden Augen. »Das war ein wunderbarer Platz für ein Weihnachtsgeschenk! Ich finde, das ist überhaupt der allerschönste Tannenbaum, den wir je hatten!«

Ingrid Uebe

28. Weihnachtsbaum mit Macke

Thema	Weihnachten birgt die Botschaft, dass wir nicht perfekt sein müssen
Vorlesedauer	ca. 4 Minuten
Hinführung	Würden Sie einen Weihnachtsbaum kaufen, an dem ein Ast fehlt oder der krumm gewachsen ist?

Ehrlich gesagt, wenn Sie bis heute noch keinen Weihnachtsbaum haben, dann haben Sie ziemlich schlechte Karten. Nicht, dass die Händler keine

Tannen oder Fichten mehr hätten, aber die Prachtexemplare sind garantiert schon lange ausverkauft. Das, was jetzt noch auf den Christbaummärkten zu finden ist, das sind die Bäume, die keiner wollte: Ein bisschen krumm gewachsen, an einer Stelle fehlt eindeutig ein Ast, und die Nadeln könnten ja auch ein bisschen dichter sein. Und ob er wirklich noch so ganz frisch ist?

Vor einigen Jahren verbrachte ich mit einer Gruppe ein Adventswochenende. Und dabei wurde uns der Gedanke wichtig, dass Gott sich in einem Kind klein macht, um zu uns Menschen zu kommen: So wie wir sind, mit all unseren Fehlern, all unseren Unzulänglichkeiten, mit all dem, was an uns schief und krumm ist. Und gerade das ist ja das Befreiende unseres Glaubens, dass wir eben nicht perfekt sein müssen, damit unser Gott zu uns kommt. »Ja«, sagte da plötzlich eine Teilnehmerin nachdenklich. »Gott kommt zu uns in unsere Unvollkommenheit – und was machen wir? Wir suchen den perfekten Weihnachtsbaum!« Wir anderen schwiegen einen Moment völlig verblüfft ob dieser kühnen Gedankenverbindung – aber da sprach sie auch schon weiter: »Und was ist mit den Bäumen, die ein bisschen schief sind oder ein wenig ungleichmäßig? Oder denen ein Ast fehlt? Oder …? Dürfen die denn nie Weihnachtsbaum sein?«

Kurz und gut – wir erklärten uns kurzerhand solidarisch mit all den Weihnachtsbäumen, die niemand wollte, und vereinbarten, in diesem Jahr einen Baum »mit Macke« zu kaufen. Entschlossen ging ich einige Tage später zu einem Christbaummarkt in Alzey. Der Händler kam schon auf mich zu und fragte eifrig: »Was für einen Baum hätten Sie denn gerne?« Ich überlegte nicht lange und sagte: »Einen Baum mit Macke!«

»Wie bitte?«, fragte der Händler ungläubig zurück.

»Naja, einen Baum mit irgendeinem Fehler halt!«

Er machte vorsichtshalber einen Schritt zurück, man konnte ja nie wissen. Ich sah mich jetzt doch etwas im Erklärungsnotstand, erzählte von unserem Kurs und der Idee, mit dem Ergebnis, dass der Händler noch einen Schritt zurücktrat, mich nachsichtig anschaute und sagte: »Wissen Sie, da vorne gibt es noch einen Christbaummarkt, vielleicht fahren Sie da mal hin – die haben eine größere Auswahl!«

Etwas belämmert zog ich ohne Baum ab, aber man ist ja lernfähig. Beim nächsten Händler ging ich vorsichtiger vor. Als er mich nach meinen Wünschen fragte, sagte ich, vollkommen den Regeln gemäß: »Eine Nordmanntanne!« Er zeigte mir mehrere Bäume, und als er beim vierten schließlich sagte: »Aber dem fehlt ein Ast, den können Sie nur in eine Ecke stellen!«, stand meine Entscheidung fest: Das war mein Baum!

Und mit dem zog ich auch ganz zufrieden nach Hause. Seit der Zeit habe ich sehr bewusst jedes Jahr einen Weihnachtsbaum »mit Macke«. Mal ist er ein bisschen krumm, mal fehlt ein Ast – oder er hat sogar zwei Spitzen.

Ich finde gerade das apart – und es macht mir diesen Baum jeweils sehr sympathisch. Einen perfekten Baum kann schließlich jeder haben, der sich früh genug auf den Weg macht. Aber diese perfekten Bäume finde ich inzwischen genauso langweilig wie perfekte Menschen. Und manchmal, am ersten Feiertag zum Beispiel, abends nach der Weihnachtsvesper, da mag es sein, dass ich in meinem Wohnzimmer bei einem Glas Rotwein sitze, mir meinen »unperfekten« Weihnachtsbaum anschaue und denke: Ja, gerade Weihnachten ist die Botschaft, dass wir nicht perfekt sein müssen. Gott kommt uns mitten in unsere Unvollkommenheit entgegen, ja kommt sogar in einem Stall zur Welt, wird Kind – und er liebt uns trotzdem. Oder manchmal vielleicht sogar gerade deswegen?

Und wenn mich mein Weihnachtsbaum »mit Macke« ab und an daran erinnert, dann ist mir das wichtiger als Schönheit und Vollkommenheit.

Andrea Schwarz

29. Der Weihnachtskrach

Thema	Jedes Jahr Streit an Heiligabend
Vorlesedauer	ca. 7 Minuten
Hinführung	Am schönen oder hässlichen Weihnachtsbaum können sich die Gemüter erhitzen.

In meiner Kindheit gab es jedes Jahr kurz vor Weihnachten einen Streit, auf den ich sehnsüchtig wartete.

Meine Mutter stammte aus einem kleinen Dorf im Sauerland. Als sie meinen Vater heiratete, zog sie zu ihm in eine Großstadt des Ruhrgebietes. Sie konnte sich schwer in die fremde Welt einleben. Täglich fand sie Dinge heraus, die angeblich im Sauerland viel schöner waren. Wenn sie einen Satz mit den Worten begann: »Bei uns zu Hause im Sauerland ...«, dann sagten mein Vater und ich im Chor: »da war alles viel, viel schöner.«

So spotteten wir oft und Mutter nahm es nicht übel. Nur kurz vor Weihnachten, da gab es regelmäßig einen richtigen Familienkrach. Dann nämlich, wenn Vater nach der Morgenschicht mit einem Tannenbaum nach Hause kam. In jedem Jahr muss er das Gefühl gehabt haben, den schönsten Tannenbaum vom ganzen Stadtmarkt erwischt zu haben. Aber meiner Mutter hat der Baum nie gefallen. Jedes Jahr hatte sie etwas anderes auszusetzen. »Bei uns zu Hause im Sauerland, da hatten wir Weihnachten immer ganz herrliche Bäume, aber was hier im Kohlenpott verkauft wird, das sind doch alles nur Krüppel«, wollte sie sagen, aber so weit kam sie meist nicht, weil mein Vater plötzlich lospolterte.

Ja, und dann war er da, der schöne, wunderbare, herrliche Weihnachtskrach. Mit ihm fing Weihnachten an. Er gehörte dazu wie die Weihnachtsplätzchen, die Wunderkerzen und das Engelhaar. Ohne den Krach um den »Kohlenpott-Krüppel« konnte ich mir kein Weihnachtsfest vorstellen. Lange dauerte der Krach allerdings nie, nur so lange wie ein Wintergewitter.

Ich fand den Streit herrlich, und während die Worte zwischen den beiden Kampfhähnen hin- und herflogen, hockte ich auf dem Küchenschemel und hörte zu; denn ich wusste, dass nach diesem Streit die schönsten Tage des Jahres kamen.

So war es alle Jahre wieder bis zum allerletzten Weihnachtskrach. Ich war zwölf Jahre alt, als mein Vater wieder einmal einen großen Tannenbaum die Treppe hinaufschleppte. Er keuchte und schwitzte, denn der Baum war groß und schwer.

In der Küche löste er die Kordel und stieß den Stamm ein paar Mal auf den Steinboden, sodass sich alle Äste weit ausbreiteten.

Ein herrlicher Baum!

Vater sah Mutter triumphierend an. »Na?«, fragte er. Mehr nicht.

Ich hockte mich schweigend auf einen Stuhl und sah gespannt auf meine Eltern. Wie ein Zuschauer im Theater kam ich mir vor, wie einer, der neugierig auf das Öffnen des Vorhangs wartete. Aber der große Auftritt schien diesmal auszubleiben.

Meine Mutter musterte schweigend den Baum. Sie ging um ihn herum. Langsam, ganz langsam. Der Blick wanderte von oben nach unten, von unten nach oben.

Vater schaute mich an und kniff mir ein Auge zu, was heißen sollte: Ich hab's geschafft. Mutter ist sprachlos.

Als Mutter weiter schwieg, konnte Vater sich nicht mehr zurückhalten. »Na, Mutter, was sagst du jetzt? Ist der Baum nicht herrlich?«

Mutter murmelte: »Hm – ganz schön, ja, aber die Spitze, hast du dir die Spitze mal angesehen?«

Vater schluckte.

Ich freute mich. Ich wusste plötzlich, dass ich auf meine Kosten kommen würde. Das alljährliche Schauspiel begann.

»Was ist mit der Spitze?«, fragte Vater und guckte Mutter herausfordernd an. »Sag's endlich! – Was ist damit?«

Mutter schüttelte verwundert den Kopf. »Hast du denn gar keine Augen im Kopf? Die Spitze hat doch einen Buckel, die ist doch ganz schief.«

»So? Schief ist die Spitze also?« Die Stimme meines Vaters klang eiskalt. »Sonst noch was auszusetzen?«

Mutter zuckte mit den Schultern: »Ich weiß nicht, ich meine ...« Sie ging an den Küchentisch und setzte die Brille auf. Dann trat sie nahe an den Baum heran. »Die Nadeln ... die sind ... wie soll ich sagen? Die sind so .... spillerig.«

»Was sind die?«, schrie Vater. »Spillerig? Spillerig!!! Das Wort gibt's gar nicht.«

»Reg dich nicht so auf«, sagte Mutter. »Im Kohlenpott gibt es eben nur miese Bäume. Die besten bleiben im Sauerland, das ist doch klar. Du müsstest mal unsere Bäume gesehen haben. Sooo groß waren die. Und sooo breit!«

Mutter reckte sich und spannte weit die Arme aus. »Bis an die Decke reichten unsere Weihnachtsbäume. Naja, was kann man vom Kohlenpott schon verlangen!«

Jetzt war der Augenblick gekommen, jetzt musste es kommen, das große Donnerwetter.

Aber was war das? Es geschah nichts, gar nichts. Ich traute meinen Augen nicht. Vater lächelte. Tatsächlich, er lachte. Und dann zog er mit verschmitztem Gesicht etwas aus seiner Tasche. »Kommt mal her!«

In seiner Hand hielt er ein Bild. Eine altes, schon etwas vergilbtes Foto. »Na, was seht ihr auf dem Bild?«

»Das ist ein Tannenbaum«, platzte ich heraus, und Mutter stotterte: »Das ist ... das ist ja ein Bild ... ein Bild von unserem Wohnzimmer. Bei uns zu Hause. Im Sauerland.«

»Genau«, sagte Vater. »Und dieser kleine, windschiefe, verkrüppelte Baum auf dem Tisch, das ist euer Weihnachtsbaum.«

Mutter konnte es nicht fassen. Tränen stiegen in ihre Augen.

»Verzeih mir!«, sagte sie schließlich. »Ich habe wirklich geglaubt, dass unsere Weihnachtsbäume immer groß und mächtig gewesen sind.«

»Ich weiß«, hat Vater gesagt.

Ich höre heute noch deutlich seine Stimme. »Das geht allen Menschen so. Die Bäume der Kindheit werden in der Erinnerung immer größer und größer und sicher nicht nur die Weihnachtsbäume.«

Meine Eltern fielen sich um den Hals und gaben sich einen Kuss. Und ich? Ich stand daneben und war ein bisschen traurig, denn ich wusste, dass es mit dem alljährlichen Weihnachtskrach endgültig vorbei war.

Ilse Bintig

30. Der Weihnachtsbaum, der zu früh dran war

Thema	Wer kann heute noch warten?
Vorlesedauer	ca. 4 Minuten
Alter	Auch für Kinder geeignet
Hinführung	Was meint ihr/Was meinen Sie: Ist es richtig, dass bereits ab Mitte November geschmückte Weihnachtsbäume leuchten?

Olli ist Nachtwächter auf einem Bauhof. Olli ist gern Nachtwächter. Seit seine Frau vor zwei Jahren gestorben ist, lebt er allein. Manche alten Freunde fragten ihn: »Ist das nicht langweilig, Olli, die ganze Nacht rumgehen, rumstehen und rumsitzen?«

»Nein«, antwortet Olli dann, »ich spreche nachts mit dem alten Baukran oder mit dem Lastwagen, der hinten auf dem Hof steht. Die haben viel gesehen und viel erlebt. Da vergehen die Stunden wie im Fluge. Der LKW ist zum Beispiel vor drei Jahren noch in Timbuktu gewesen, das liegt …« »Hör auf, Olli«, lachen dann die Freunde, »du spinnst mal wieder.«

Nur Elli, das kleine Mädchen, das in der Wohnung unter Olli wohnt, die hört Ollis Nachtgeschichten gern.

Sie fragt ihn: »Olli, mit wem hast du letzte Nacht gesprochen?« Dann erzählt er von der Wüstenstadt Timbuktu, von dem großen gelben Fluss in China und von dem schneebedeckten Kilimandscharo mitten in Afrika. Ende November fragte Elli den Olli wieder: »Olli, mit wem hast du letzte Nacht gesprochen?«

»Mit 'nem Weihnachtsbaum«, sagt Olli. Diesmal lacht auch Elli. »Weihnachten ist doch erst in vier Wochen«, sagt sie. »Oder steht bei euch der Baum noch vom letzten Jahr?!«

»Das ist es ja eben«, antwortet Olli. »Der Baum ist traurig. Er ist vor drei Wochen schon geschlagen worden. Viel zu früh«, sagt er. »Er kann gar kein richtiger Weihnachtsbaum mehr werden.«

Elli fragt: »Hat er denn keine Lichter?«

»Sicher«, sagt Olli. »Er hat 24 elektrische Kerzen und steht auf der Terrasse vom Chef. Jeden Abend um sechs gehen die Lichter automatisch an und morgens wie von selbst wieder aus.«

»Aber dann leuchtet er doch herrlich, Olli.«

»Das ist es ja eben, Elli. Er will eigentlich noch gar nicht leuchten.«

»Will er nicht? Ist doch schön, wenn die Nacht heller wird.«

Olli sagt: »Der Baum, den ich meine, heißt Picea. Er hat mir erzählt, dass alle seine Geschwister im Wald aufgeregt sind, wenn die Waldarbeiter mit den Sägen kommen. Denn sie wissen es: Wenn an unseren Zweigen die Kerzen brennen, dann ist Weihnachten. Es geht in der Adventszeit erst ganz allmählich los mit dem Licht. Eine Kerze brennt: 1. Advent. Noch ist die Nacht dunkel, aber ein Fünkchen glimmt schon. Manche, die ein bisschen nachdenken, die merken es: Es ist nicht alles stockfinster. 2. Advent: Zwei Kerzen brennen heller als eine. Das Licht wächst. Drei Kerzen am 3. Advent. Ganz langsam breitet sich Freude aus. Das Licht wird eines Tages bestimmt die Dunkelheit vertreiben. 4. Advent, vier Lichterflammen in der Nacht. Jetzt wissen es alle: Bald ist es so weit. Nur noch Tage, manchmal nur noch Stunden, dann funkelt und blitzt es von allen Zweigen: Die Nacht ist hell geworden. Weihnachten eben. Der Baum sagte zu mir: Wer so das Licht Flamme um Flamme wachsen sieht, der kann sich richtig auf Weihnachten freuen. Und dann stehen wir Weihnachtsbäume im Zimmer, über und über geschmückt, und der Jubel ist groß: Fröhliche Weihnachten.«

Elli sagt: »Picea meint, und daraus wird nichts, wenn die Menschen ihn zu früh aufstellen?«

»Das ist es ja eben, Elli. Die Menschen, die das tun, die sind zu ungeduldig. Sie wollen nicht warten, bis die Freude wächst. Picea sagt: Freude wächst langsam, genau wie wir Tannen im Wald. Manche, die den Weihnachtsbaum zu früh aufstellen, die wollen sich auch gar nicht auf das große Fest vorbereiten. Sie wissen gar nicht, dass ohne Vorbereitung das Fest nur halb so schön ist. Und den Baum auf der Terrasse beim Chef, den hat's erwischt. Er hatte sich schon so darauf gefreut, das Weihnachtsfest mit vielen Kerzen hell und schön zu machen, festlich zum Fest geschmückt. Jetzt fühlt er sich ganz belämmert. Wie die Elli, wenn sie zum Geburtstag einer Freundin gehen will, ihr schönstes Kleid anzieht, ein Geschenk mitnimmt, fröhlich am Haus der Freundin ankommt, und dann sagt die Freundin: Ist bei dir 'ne Schraube locker? Ich hab doch erst nächsten Monat Geburtstag, sagt der Baum.«

»Hat er wirklich ›Elli‹ gesagt, Olli?«

»Ich glaube, ja, Elli, aber ich kann ihn ja heute Nacht noch mal fragen.«

»Die Geschichte musst du deinem Chef erzählen, Olli. Vielleicht versteht der dann auch, dass er die Lichter zu früh angesteckt hat.«

»Weißt du, Elli, wenn ich davon anfange, dann lacht der Chef nur und sagt: Der Olli, der spinnt mal wieder!«

»Dann werde ich ihm einen Brief schreiben, Olli. Vielleicht wirkt das!?«

»Prima, Elli, mach das! Wer weiß, vielleicht denkt er dann ein bisschen darüber nach.«

»Und macht die Kerzen erst Weihnachten an?«, fragt Elli.

»Na, ich weiß nicht, Elli. Aber möglich ist alles.«

Willi Fährmann

31. Die Weihnachtsbaumspitzen

Thema	Der Weihnachtsbaum als Symbol
Vorlesedauer	ca. 3½ Minuten
Alter	ab Grundschule – alle Altersstufen
Hinführung	Wer den Weihnachtsbaum mit dem »dritten« Auge betrachtet, sieht mehr als Geschenke, Sterne, Kerzen und eine schöne Spitze.

Es war einer der seltenen ruhigen Nachmittage vor den Weihnachtsfeiertagen. Die Eltern waren unterwegs, um letzte Besorgungen zu machen. Nur der Großvater und seine Enkelin waren in der Wohnung zurückgeblieben.

»Großvater«, fragte die Enkelin, »was bedeutet dir eigentlich das Weihnachtsfest?«

»Die einfachsten Fragen«, sagte der Großvater, »sind wirklich die schwersten«, und er kratzte sich ein bisschen am Hinterkopf. »Wenn ich es richtig überlege, dann glaube ich, die Antwort auf deine Frage hat sich bei mir im Laufe der Jahre ziemlich geändert. Als ich ein Kind war, so wie du jetzt, da waren mir an Weihnachten die Geschenke am wichtigsten. Darauf habe ich mich schon das ganze Jahr über gefreut. Als ich dann erwachsen wurde, da war mir die Familie das Allerwichtigste. Die Zusammenkunft über die Feiertage. Das gemeinsame Singen und Feiern, die guten Mahlzeiten und die gemeinsam verbrachte Zeit. Jetzt, wo ich alt geworden bin, begreife ich so langsam den Sinn dieses Festes. Was es bedeutet, dass Gott zu uns kommt als ein Kind. Alles können wir ruhig vergessen, was Menschen Kluges über Gott gedacht und geschrieben haben. Wenn wir nur das verstehen: dass Gott in diesem Jesuskind ganz da ist für uns.«

»Großvater«, fragte die Enkelin, »und was bedeutet dann der Weihnachtsbaum?«

»Der Weihnachtsbaum«, sagte der Großvater, »bedeutet nichts anderes. Unten sind seine Zweige weit und dicht. Da liegen die vielen bunten Geschenke, die für die meisten Menschen das Allerwichtigste sind. Weiter oben, im mittleren Teil des Baumes, da hängen die Kugeln und der Schmuck. Da sind die Kerzen und Sterne aus Stroh oder Papier. Da ist alles, was uns gefällt und was wir gemeinsam zum Schmücken des Baumes beitragen. Dieser Teil des Baumes steht für die Gemeinschaft, die wir an Weihnachten erleben. Sie ist genauso vielfältig und bunt wie aller Schmuck, und nicht immer passt das eine zum anderen.

Nach oben hin aber wird der Baum immer schmaler und schlanker. Ganz oben ist die Spitze. Sie ist etwas Besonderes und wird darum oft verziert mit einem besonders schönen Aufsatz. Sie zeigt wie ein Finger in die Höhe auf den Sinn des Weihnachtsfestes. Sie deutet an: Aus der Höhe kommt Gott zu uns Menschen. Im Jesuskind kommt er uns so nah und ist zu uns so freundlich, dass wir allen Grund haben, dieses Weihnachtsfest miteinander in Frieden zu feiern.«

»Großvater«, sagte die Enkelin, »das hast du mir schön erklärt! Und die Geschenke finde ich ja wirklich auch wunderbar. Und dass wir zusammen sind und miteinander feiern. Aber einen Baum ohne Spitze möchte ich auch nicht haben. Wie sähe das denn aus?«

Der Großvater schwieg einen Moment. »Du hast recht«, sagte er dann, »und du weißt jetzt schon etwas, wozu ich ziemlich lange gebraucht habe. Das stimmt, wer wollte schon einen Baum ohne seine Krone und einen Weihnachtsbaum ohne die schöne Spitze?«

Klaus Nagorni

Ich verkünde euch eine große Freude

32. Kara erzählt die Weihnachtsgeschichte

Thema	Weihnachten in einem anderen kulturellen Umfeld, hier in Papua-Neuguinea
Vorlesedauer	ca. 3½ Minuten
Alter	ab Grundschule
Hinführung	Manchmal schneit es bei uns zur Weihnachtszeit. Aber an anderen Orten der Erde kann es am Weihnachtsfest richtig heiß sein. Und hier muss die Geschichte vom Jesuskind auch anders erzählt werden.

Pater Jakob schwitzte. Er tropfte geradezu. Dafür gab es zwei Gründe: Erstens war es in Papua-Neuguinea heiß am Weihnachtsfest und zweitens sollte er heute seine erste Predigt in Pidgin-Englisch halten. Seit vielen Wochen hatte er dafür geübt. Komische Wörter gab es in dieser Sprache: Liklik hieß klein, toktok hieß sprechen und singsing war das Fest.

Die Predigt war zu Ende und Pater Jakob wischte sich erleichtert die Stirn trocken. Jetzt kam die Übersetzung. Die war nötig, denn nicht einmal die Hälfte des Dorfes verstand Pidgin. Die meisten kannten nur Enga, die Stammessprache. Um die zu lernen, würde der Pater noch mehr als ein Jahr brauchen.

Der alte Kara kam nach vorne. Er war ein weiser Mann, geehrt als Jäger und Geschichtenerzähler. Während Pater Jakob erleichtert vor sich hin döste, wurde die Gemeinde jetzt sehr aufmerksam. Kara erzählte die Weihnachtsgeschichte:

»In einem kleinen Dorf im Sepik-Tal lebte einmal ein schönes Papua-Mädchen. Es hieß Maria. Marias Haut war schwarz und glatt, ihre Augen leuchteten klar und auf ihrer rechten Wange war eine kleine Blume eingeritzt. Sie hatte noch keinen Mann genommen, sondern lebte in der Frauenhütte ihrer Mutter, zusammen mit ihren Schwestern und Tanten.

Wenn Maria an den Festtagen den Männern beim Tanzen zusah, gefiel ihr Josef, der Holzschnitzer, am besten von allen. Josef war berühmt für seine Masken, die schönsten davon hingen im Männerhaus des Dorfes. Als der Große Ahnengeist im Himmel Maria sah, gefiel sie ihm sehr. Er beschloss, sie zur Mutter seines Sohnes zu machen. Und als Maria begann, die Monate zu zählen und ihr Bauch groß und rund wurde, da baute Josef für sie am Ufer des Flusses eine eigene Hütte. Er stellte sie auf hohe Pfähle zum Schutz gegen das Hochwasser, behängte die Bambuswände mit schön geflochtenen Matten, deckte das Dach mit Kunaigras und legte eine Feuerstelle an.

Es war eine prächtige Hütte, würdig für einen Häuptlingssohn. Als der Mond neunmal rund geworden war, brachte Maria ihren Sohn zur Welt. Sie nannte ihn Jesus. Es war ein schönes, dickes, gesundes Kind. Maria bettete ihn in ihr Tragnetz, legte sich den Kopfriemen um und trennte sich bei Tag und Nacht nicht von ihrem Kind.

Als die Menschen im Tal und auf den Bergen hörten, dass der Sohn des Großen Ahnengeistes zur Welt gekommen war, kamen sie, um ihn zu sehen und zu beschenken. Die Männer brachten Kokosnüsse und ein Hausschwein mit zwei kleinen Ferkeln; die Frauen schenkten aus ihren Gärten Süßkartoffeln, Mais und Bohnen. Die Kinder brachten Brennholz und ihre schönsten Papageienfedern. Daraus sollte Maria einen Häuptlings-Kopfputz für ihren Sohn machen. Maria freute sich sehr. Sie legte die Gemüse in die Aschenglut ihrer Feuerstelle und kochte ein gutes Essen.«

Kara holte tief Luft. Er war mit seiner Erzählung zu Ende. »Und was ist mit den drei mächtigen Häuptlingen, die mit dem Boot über den Fluss kamen und Gold und duftende Kräuter mitbrachten?«, fragte die kecke Alina.

Kara schüttelte den Kopf: »Diese Geschichte erzählen der Pater und ich erst am Dreikönigsfest.«

33. Wie sieben Kobolde das Weihnachtsfest stahlen

Thema	Auch bei den häuslichen Weihnachtsfeiern das Wesentliche vom schönen Beiwerk unterscheiden
Vorlesedauer	ca. 7 ½ Minuten
Anregung	Eventuell wird ein hübsch verpacktes Weihnachtspäckchen auf den Altar/das Schulpult gelegt. Es wird ausgepackt und ist – leer. Symbol für die Art vieler, Weihnachten zu feiern? Bleibt nur noch die Verpackung?
Hinführung	Wie kann Weihnachten gelingen ohne Christbaum, Geschenke und gutes Essen? Ein Märchen wirft Fragen auf.

Sieben Kobolde hatten sich zu ihrer Jahresversammlung zusammengefunden. Höhepunkt dieser Versammlung bildete wie immer das Aushecken der Gemeinheit des Jahres. Dabei ging es ihnen darum, jemandem einen Streich zu spielen oder ihn zu ärgern. Die Kobolde wollten einen ganz besonderen Scherz aushecken und grübelten lange.

»Ich hab's!«, rief schließlich einer von ihnen, »wir stehlen Weihnachten!«

»Was soll denn das wieder heißen?«, fragten ihn die anderen.

»Wir verfügen doch über gewisse Zauberkräfte«, meinte der Kobold, »so zaubern wir ganz einfach das Weihnachtsfest weg.«

»Fein!«, riefen die anderen Kobolde, »ah, ist das schön, oh, ist das gemein!«

So geschah es. Als die Familie Rutishauser vor dem erleuchteten Christbaum saß und das erste Weihnachtslied anstimmte, war dieser – schwupps – weg!

Rutishausers wollten gerade laut aufschreien – schwupps – da waren auch die Geschenke weg und die schönen Krippenfiguren. Unter dem Sofa lagen drei Kobolde und hielten sich die Bäuche vor Lachen. Familie Rutishauser konnte nichts hören, denn Kobolde lachen in so außerordentlich hohen Tonlagen, dass sie das menschliche Ohr nicht wahrnehmen kann.

»Oh, ist das schön, oh, ist das gemein!«, jauchzten sie.

Karin und Simon, die beiden Kinder von Rutishausers, heulten. Sie waren ganz durcheinander. Auch die Eltern konnten nicht begreifen, was geschehen war. Der Vater fluchte, und die Mutter versuchte, die Situation zu retten, indem sie sagte: »Was es auch immer gewesen ist, es hat keinen Sinn, sich aufzuregen und zu weinen. Kommt, wir wollen uns an den Tisch setzen und das gute Essen genießen!«

Doch da täuschte sich Frau Rutishauser, denn in der Küche hatten die Kobolde auch schon zugeschlagen. Einer zauberte die Entrecôtes weg, ein anderer die alte Flasche Bordeaux, ein dritter das Dessert und ein vierter den Traubensaft, den die Kinder so liebten und den es nur an großen Festtagen gab. In das Geheul der Kinder mischte sich nun auch die gereizte Stimme der Mutter.

Sie dachte selbstverständlich, ihr Mann sei an allem schuld. Als aufgeklärte Frau hatte sie keine Ahnung von der Existenz von Kobolden. Alle wurden aufeinander wütend. So kam es, dass die Kinder immer lauter weinten und heulten, während die Eltern sich anbrüllten und gegenseitig aufforderten, dem Theater ein Ende zu machen.

Unterdessen bildeten die sieben Kobolde im Wohnzimmer einen Kreis und tanzten vor Freude.

»Herrlich schön, so richtig gemein!«, sangen sie. Ein schreckliches Weihnachtsfest!

Doch zum Glück hatte eine gute Fee – das gibt's auch heute noch – von den Plänen der sieben Kobolde gehört. Sie schwebte gerade im richtigen Augenblick zu Rutishausers. Ein heller Schimmer umgab die Fee, was Rutishausers ein entzücktes »Oh!« entlockte. Die sieben Kobolde verschwanden sofort, denn sie können Feen nicht ausstehen.

»Liebe Karin, lieber Simon, ihr lieben Eltern«, flötete die Fee, »ihr seid das Opfer der gemeinen Kobolde geworden. Doch jetzt sind sie verschwunden, und ich bin gekommen, um euch zu helfen!«

War das eine Freude und ein Aufatmen!

»Her mit dem Fleisch!«, rief der Vater, »ich habe Hunger!«

»Wo sind die Geschenke?«, riefen die Kinder.

»Halt, halt!«, erwiderte die Fee, »auch meine Kräfte sind beschränkt. Ich kann euch nicht alles herbeizaubern. Es waren leider *sieben* Kobolde, und jeder hat etwas weggezaubert. Ihr müsst euch nun für dasjenige entscheiden, was euch am liebsten ist.«

»Geht in Ordnung«, rief Simon, »wir wollen die Geschenke!«

»Hier befehle ich!«, sprach der Vater, »ich will den alten Bordeaux. Ein Einundsechziger. So eine Flasche kostet ein Vermögen.«

»Und der Christbaum?«, flüsterte die Mutter.

»Der ist in einer Woche reif für die Müllabfuhr«, meinte Karin trocken, »ich will mein Geschenk!«

Jetzt fing der Krach von Neuem an. Rutishausers konnten sich nicht einigen.

»Soll ich wieder gehen?«, fragte die Fee schüchtern.

Das brachte die Familie zur Besinnung.

»Bleiben Sie, gute Fee, wie immer Sie auch heißen mögen!«, bat der Vater.

»Können Sie auch Dinge zaubern, die vorher gar nicht da waren?«, fragte die Mutter.

»Nur wenn sie zum Guten dienen!«, erwiderte die Fee.

»Herrlich!«, rief Simon, »wir wünschen uns eine Million. Dann können wir uns einen Wald an Christbäumen kaufen«, meinte er vergnügt.

»Eine Million«, flüsterte die Mutter.

»Und erst noch steuerfrei«, ergänzte der Vater.

»Tut mir leid, es geht nicht«, antwortete die Fee.

»Was heißt ›geht nicht‹?«, fragte der Vater.

»Die Erfahrung zeigt, dass die Menschen mit Geld nichts Vernünftiges tun. Darum können wir Feen kein Geld herbeizaubern. Ihr müsst euch etwas anderes wünschen.«

»Wir wünschen uns ewige Gesundheit«, rief die Mutter.

»Dafür bin ich nicht zuständig«, erwiderte die Fee.

»Was dürfen wir denn wünschen?«, fragte der Vater verärgert.

»Irgendetwas Vernünftiges«, meinte die Fee.

»Ich hab's!«, rief die Mutter, »wären Sie so lieb, uns Weihnachten herbeizuzaubern?«

»Das sollte gehen«, sagte die Fee.

»Gut, wir wünschen uns Weihnachten«, erklärte die Mutter mit einer Stimme, bei der es nichts zu widersprechen gab, »dann wissen wir endlich einmal, was das ist.«

Und so kam es, dass Rutishausers Weihnachten hatten – ohne Christbaum, Geschenke und gutes Essen feierten sie Weihnachten.

Wie haben sie das gemacht? Das bleibt ein Geheimnis. Aber Rutishausers schwören darauf, dass sie ›richtig‹ Weihnachten gefeiert haben. Und seither sei jeder Tag wie Weihnachten.

Markus Arnold

34. Tommys Brief ans Postamt

Thema	Glaube kann Berge versetzen
Vorlesedauer	ca. 3½ Minuten
Alter	Auch für Kinder geeignet (für Erwachsene: mit Schmunzeln)
Hinführung	Kinder schreiben häufig einen Wunschbrief ans Christkind. Wir hören von einem Jungen, der in seiner Not einen Brief an den Weihnachtsmann schreibt – wir können das leicht übertragen. Mit einem überraschenden Ende!

Tommy freute sich gar nicht auf Weihnachten. Es war für jedes einzelne Mitglied seiner Familie ein sehr schweres Jahr gewesen, und es gab nicht das geringste Anzeichen, dass es in nächster Zukunft besser werden würde.

Als Weihnachten immer näher rückte, fingen alle anderen Kinder in Toms Schulklasse an, davon zu reden, was für einen Spaß sie haben und was sie alles spielen würden, was es Leckeres zu essen geben würde und welche Geschenke sie machen und bekommen wollten. Tom versuchte einzustimmen, aber es machte ihn nur traurig. Schließlich dachte er sich Ausreden aus, um sich ans andere Ende des Spielplatzes zurückzuziehen oder hinaus zur Toilette zu gehen, wenn es kalt und regnerisch war und die Klasse während der Pause drinnen bleiben musste. Am liebsten hätte er gar nicht über Weihnachten nachgedacht, so sehr regte es ihn auf.

Als er an einem Wochenende zu Hause in seinem Zimmer saß und Hunger hatte, weil es nicht viel Geld für Essen gab, und fror, weil die Heizung abgestellt worden war, nachdem seine Eltern die Stromrechnung nicht hatten bezahlen können, beschloss er, dem Weihnachtsmann einen Brief zu schreiben, um ihm zu erklären, was für Probleme seine Familie hat, und ihn um ein wenig Hilfe zu bitten. In diesem Brief schrieb er Folgendes:

Lieber Weihnachtsmann,

ich weiß nicht, ob Du diesen Brief jemals bekommen wirst, aber danke fürs Lesen, falls doch. Falls nicht, mach Dir keine Gedanken. Ich schreibe Dir, um Dir mitzuteilen, dass es bei uns zu Hause ziemlich mies läuft. Mein Papa war sehr krank und hat sein ganzes Geld verloren, weil sein bester Freund, mit dem er zusammengearbeitet hat, nach Südamerika abgehauen ist und Papas ganzes Geld mitgenommen hat. Jetzt geht es Papa so schlecht, dass er nicht arbeiten kann, und darum hat er kein Geld für Weihnachten. Mama würde ja arbeiten gehen, aber sie hat sich wehgetan, als sie über Papa stolperte, als er verzweifelt auf der Treppe saß, und man hat ihr gesagt, dass sie sich hinlegen muss und sich sechs Wochen lang nicht bewegen darf. Mein Bruder hatte einen guten Job, aber vor zwei Wochen hat man irgendwas mit ihm gemacht, »rationalisiert« oder so, und jetzt hat er einen Haufen Schulden, die er nicht abzahlen kann, weil er nichts mehr verdient, und muss sich verstecken. Unser Hund ist krank und müsste behandelt werden, aber wir können uns keinen Tierarzt leisten, und unser Dach hat ein Loch, und im Wetterbericht haben sie gesagt, es gibt Regen.

Bitte, könntest Du uns hundert Pfund schicken, damit wir wenigstens ein bisschen nett Weihnachten feiern können?

Alles Liebe – Tommy

Als Tommys Brief im Postamt ankam, adressiert an den Weihnachtsmann, Grönland, machte ihn einer der Männer, die in der Sortierung
arbeiteten, auf und zeigte einigen seiner Freunde, was Tommy geschrieben hatte.

»Guckt mal, Jungs«, sagte er, »der kleine Bursche hier braucht ein bisschen Hilfe. Wollen wir nicht im Büro eine kleine Sammlung halten und
ihm das Geld schicken? Seine Adresse steht auf dem Brief; wir können
ihm das Geld also einfach so schicken, als käme es vom Weihnachtsmann. Was meint ihr?«

Diese Idee fanden alle großartig. Bis zum Abend hatten sie achtzig
Pfund gesammelt, die sie Tommy schicken wollten. Am nächsten Morgen steckte einer von ihnen es ihm durch den Briefschlitz, zusammen
mit einem kleinen Zettel, auf dem stand:

»Bitte sehr, Tommy.
Alles Liebe, Dein Weihnachtsmann.«

Zwei Tage später erreichte das Postamt ein weiterer Brief an den Weihnachtsmann, Grönland. Die Postbeamten öffneten ihn rasch, begierig,
Tommys Dankesbrief zu lesen. Sie lasen Folgendes:

»Lieber Weihnachtsmann,
hab ganz herzlichen Dank für das Geld. Ich habe zwar nur achtzig
Pfund davon bekommen, aber du weißt ja, was das für räuberische
Halunken auf dem Postamt sind ...«

Adrian Plass

35. Weihnachten – heute erzählt

Thema	Die Krippe im Stall – das war keine »Romantik«
Vorlesedauer	ca. 2 Minuten
Hinführung	Mittlerweile gehören Krippe und Stall zur Weihnachtsro-mantik. Aber wie sieht es aus, wenn wir die Gegebenhei-ten in unsere Zeit übertragen?

Es waren die letzten Tage vor der Geburt, und Maria ging von Amt zu Amt, Gebäude X, Zimmernummer XYZ, und dann längeres Warten auf den Beamten, der dann doch nicht zuständig ist; dann Papiere ausfüllen, auf denen immer erst Vater oder Ehemann steht und immer eine Unterschrift verlangt wird, die Maria, ledig, wohnungssuchend, schwanger, arbeitslos, nicht leisten konnte ... Irgendwann fingen dann die Wehen an, und sie schleppte sich in ein leer stehendes, abbruchreifes Haus; es war dunkel, ein Straßenköter hatte sich auch dahin verirrt und blieb bei ihr.

Wie das bei Erstgebärenden so geht, es dauerte lang. Maria hat sich erbrechen müssen auf der aufgequollenen und stinkenden Matratze, die da herumlag. Die ganze Nacht war Krach von der Autowerkstatt nebenan. Josef schlurfte herum, mürrisch und mitleidig zugleich. Eine Decke hatte er aufgetrieben und sogar einen Eimer lauwarmes Wasser, um das Kind zu waschen. Er hat für beide gesorgt, die ganze Zeit. Er war unruhig: mit einem Ohr horchte er, ob nicht der Besitzer des verlassenen Hauses käme oder die Polizei wegen Hausbesetzung.

Aber dann passierte stattdessen etwas sehr Schönes. Irgendwie hatte sich die Schwangerschaft des jungen Mädchens doch herumgesprochen, und ein paar Leute kamen vorbei, die die Sache mit der Arbeitserlaubnis und der Wohnberechtigung und mit der Angst vor Abschiebung ganz gut kannten. Sie schauten mal nach, wie's geht, und mitgebracht hatten auch alle etwas. Es waren mit einem Mal so viele da, dass man sie nicht einfach hinauswerfen konnte; plötzlich war der vergammelte Raum voller Leute und viel wärmer; hell wurde es, ein Feuer im Ofen angemacht, und Musik, Rock aus dem Taschenradio, das einer der Jungen mitgebracht hat, ging los. Leute, die vorübergingen, fragten: Ist das schon wieder eine Demonstration? Ja, für ein Baby, riefen die Demonstranten. Und die alleinstehende Mutter lachte und freute sich über den Köter und die vielen Freunde, manche leicht alkoholisiert, über die Musik und die Wärme, und vor allem über das Kind, das uneheliche – aber wen interessiert das schon –, über das gesunde, das krähende Kind.

Dorothee Sölle

36. Ein Duft von Weihrauch und Myrrhe

Thema   Der Retter ist da, der alles verändert

Vorlesedauer ca. 2½ Minuten

Hinführung Wie ist das möglich? Ein Blinder sieht den Himmel offen, und ein Tauber hört die Engel singen.

Erfüllt von dem, was sie im Stall gehört und gesehen hatten, kehrten die Hirten am frühen Morgen nach Bethlehem zurück. Aber es gelang ihnen nicht, die Menschen auf dem Markt von dem Wunder, das ihnen widerfahren war, zu überzeugen.

Die Frau eines Zimmermanns, die in einem Stall ihr Kind zur Welt bringt! Was soll daran Besonderes sein! »Ich habe den Himmel offen gesehen«, beteuerte einer der Hirten. »Und ich habe die Engel singen hören«, sagte ein Zweiter. »Gelobt sei Gott, der Retter ist da!«, rief ein Dritter.

»Ihr wollt uns zum Narren halten«, schrien die Leute. »Wo sind die Beweise? Macht, dass ihr fortkommt, aufs Feld zu den Schafen, wo ihr hingehört!«

Nur zwei Bettler, ein blinder und ein tauber, machten sich auf zu dem Stall, in dem Christus geboren war, über dem der Himmel offen gestanden und die Engel gesungen hatten. Aber als sie zu dem Ort kamen, waren Maria und Josef mit dem Kind schon längst auf der Flucht vor den Häschern des Herodes, und von dem großen Glanz war auch nicht ein Schimmer übrig geblieben.

»Was siehst du?«, fragte der Blinde den Tauben.

»Ach«, sagte der Taube, »ich sehe nur die Sonne zwischen den Wolken.«

»Oh, das ist mir genug«, sagte der Blinde.

»Und was hörst du?«, fragte der Taube den Blinden.

»Ach«, sagte der Blinde, »ich höre nur den Wind in den Bäumen.«

»Oh, das ist mir genug«, sagte der Taube.

Auch im Stall fanden sie nichts als eine leere Krippe. Über der Krippe aber hing noch immer ein Duft von Weihrauch und Myrrhe. Sie atmeten ein und verharrten in der Stille, bis auch der letzte Rest verschwunden war. Sie glaubten: der eine, was er nicht hören, und der andere, was er nicht sehen konnte.

Und als die beiden Bettler wieder vor den Stall traten, sah der Blinde den Himmel offen, und der Taube hörte die Engel singen, denn sie waren die Ersten, denen ihr Glaube geholfen hatte.

Darum gingen auch sie hinaus und verkündigten: »Gelobt sei Gott, der Retter ist da!«

Max Bolliger

37. Antonio

Thema	Der Unterschied zwischen Arm und Reich, zwischen Recht und Gerechtigkeit
Vorlesedauer	ca. 6 Minuten
Hinführung	Manchmal fügt sich etwas wunderbar.

Eigentlich war er nur in die Kirche gekommen, weil seine Mutter ihm das aufgetragen hatte.

»Geh bei der Madonna vorbei«, hatte sie gesagt. »Bete ein Ave Maria. Das hilft.«

Immer sagte die Mutter: »Das hilft«. Aber Antonio wusste es besser. Er hatte in seinem jungen Leben schon viele Gebete gesprochen: War er davon satt geworden? Hatte er deshalb mehr als nur eine einzige Hose und ein altes Jäckchen? War der Vater davon am Leben geblieben?

Antonio konnte keinen Zusammenhang erkennen zwischen den inbrünstigen Gebeten seiner Mutter und der Not, in der er lebte.

Sie waren alle bitterarm. Alle, die in seinem Dorf wohnten. Bis auf den Padrone natürlich. Dem Padrone gehörte das Land, auf dem alle arbeiteten. Er hatte einen dicken Bauch und ein Auto.

Wieso der Padrone reich war und sie arm, konnte sich Antonio nicht erklären, und wenn er seine Mutter danach fragte, gab sie ihm einen Klaps auf den Mund, als hätte er etwas Verbotenes gesagt.

Als Antonio an jenem kalten Dezembertag die Kirchentür öffnete, wurde er von einem Windstoß förmlich hineingefegt in das dämmrige Kirchenschiff.

Der Mesner hatte schon für Weihnachten geschmückt. Überall standen neue Sträuße mit künstlichen Blumen, bunt und silbern.

Drei Frauen mit schwarzen Kopftüchern knieten vor dem Seitenaltar. Da stand die Madonna mit dem Bambino Jesus. Ein paar Kerzen brannten davor.

Antonio kniete auf der hintersten Bank nieder, gleich neben dem Opferstock.

Wenn er mit der Mutter in der Kirche war, gab sie ihm manchmal eine Münze, die er in den Schlitz des Opferkastens werfen musste, eine winzig kleine Münze. »Für das Bambino Jesus«, sagte sie dann, und Antonio dachte, es ist so wenig, dass man kaum ein Zitronenbonbon dafür bekommt … Was kann das Bambino Jesus damit anfangen?

Die Frauen am Seitenaltar murmelten Gebete. Sie sahen alle drei gleich aus in ihren dunklen Tüchern. Die Madonna trug ein himmelblaues Kleid mit goldenen Sternen.

»Madonna«, sagte Antonio, »könnten wir nicht wenigstens an Weihnachten mal ein Stück Schinken haben?«

Da flog die Tür auf, und ein neuer Windstoß jagte durch die Kirche. An Antonio vorbei ging der Padrone. Er hielt eine lange weiße Kerze in der Hand. Am Altar vor der Madonna zündete er sie an, ließ Wachs auf die Marmorplatte träufeln und befestigte seine Kerze dann in dem weichen Wachs.

Antonio beobachtete ganz genau, was der Padrone tat. Vielleicht machte er irgendetwas besser, der Madonna wohlgefälliger als die anderen Leute im Dorf. Der Padrone bekreuzigte sich und kniete nieder. Antonio ließ ihn nicht aus den Augen, aber er konnte nichts Besonderes entdecken.

Lange hielt sich der Padrone nicht auf. Beim Hinausgehen griff er in die Tasche, und Antonio sah, wie er mit einer flüchtigen Handbewegung etwas auf den Opferstock warf … einen Geldschein. Der Schein fiel aber nicht in die Öffnung hinein, sondern glitt seitlich am Kasten ab.

Da lag er vor Antonios Augen neben der Kirchenbank. Antonio blickte starr danach und rührte sich nicht.

Die auf- und zu schwingende Tür trieb wieder scharfe Winterluft herein. Der Geldschein wehte noch ein Stückchen dichter heran. Er lag jetzt so nah, dass Antonio nur die Hand danach auszustrecken brauchte. Antonio bückte sich danach, richtete sich aber gleich wieder auf und sah hinüber zur Madonna.

»Darf ich?«, fragte er leise.

Die Madonna gab keine Antwort.

Ich werde bis drei zählen, dachte Antonio. Wenn sie den Kopf schüttelt, darf ich nicht.

Antonio zählte und beobachtete die Madonna: Sie schüttelte den Kopf nicht. Da hob Antonio den Geldschein behutsam auf und ging auf Zehenspitzen davon.

Bei der Gemischtwarenhändlerin legte Antonio das Geld auf den Tisch.

»Dafür möchte ich Schinken und eine Wachskerze«, sagte er.

Die Signora wog den saftigen, rosaroten Schinken ab, wickelte ihn in Pergament und steckte ihn in eine Tüte aus dickem braunem Papier.

»Die Kerze nehme ich gleich so«, sagte Antonio.

Bevor er den Weihnachtsschinken nach Hause trug, rannte er schnell noch einmal in die Kirche zur Madonna. Die drei Frauen waren fortgegangen; die Kirche war leer.

Antonio klemmte das Schinkenpäckchen unter den Arm und trat vor den Altar. Er zündete seine Kerze an, träufelte ein paar dicke Wachstropfen auf die Marmorplatte und stellte die Kerze darauf – genau wie kurz zuvor der Padrone.

»Die Kerze ist für dich«, sagte Antonio zur Madonna. »Für den Schinken … Und wenn du es einrichten kannst, dass der Padrone noch mal danebenwirft, bringe ich dem Bambino Jesus auch eine.«

Und Antonio dachte, als er nach Hause lief: Jetzt weiß die Madonna, dass ich ihr auch Kerzen bringen kann wie der Padrone. Nur – ohne Geld geht es nicht.

Tilde Michels

38. Das Geheimnis der Wollmütze

Thema   Das Weihnachtsfest erwärmt die Herzen

Vorlesedauer   ca. 5 Minuten

Hinführung   Das Stehlen in Supermärkten ist Volkssport. Aber man sollte unterscheiden.

Es begab sich zu der Zeit, als abends die künstlichen Lichter aus den Büros der Bankhochhäuser in die anbrechende Nacht der hessischen Finanzmetropole stachen. Es war der Tag vor Heiligabend. Elena schätzte müde, aber mit sicherem Blick das Ende der Warteschlange ab; sie war Kassiererin in einem Supermarkt in der Innenstadt. Da stieß energisch ein rundlicher Mann mit Haarkranz die Glastür auf und rief: »Da liegt eine Frau!«

Elena reagierte sofort; sie klingelte den Filialleiter herbei. Er verschwand mit dem Passanten nach draußen. Durch die Tür konnte Elena die Frau sehen. Mit ausgebreiteten Armen lag sie bewusstlos quer über dem Bürgersteig. Sie trug einen braunen Mantel; das Auffälligste aber war eine riesige, bunt gestrickte Wollmütze, die sich fast wie ein Turban auf ihrem Kopf türmte. Das ungeduldige Räuspern der Kunden ließ Elenas Kopf zurückschnellen. Sie richtete den Scanner auf Fonduepackungen, Weinflaschen und Würstchengläser. Es war nicht zu überhören, als der Rettungswagen mit schwirrendem Blaulicht anrollte. Sofort beugten sich die Sanitäter über die Frau. Aus den Augenwinkeln sah Elena, dass die Männer innehielten.

Sie starrten ungläubig auf den Kopf der Frau. Zuvor hatten sie die riesige bunte Mütze abgezogen, aus der einer der Sanitäter etwas Unförmiges herausholte. Mit verschränkten Armen und ärgerlich gerunzelter Stirn stand der Filialleiter daneben. Es war ein drei Kilo schwerer, gefrorener Rinderbraten. Das eiskalte Fleisch musste den Kopf der Frau empfindlich heruntergekühlt haben. »Schon wieder eine. Der sechste Diebstahl in einer Woche!«, schoss es Elena durch den Kopf.

»Frohe Weihnachten!« Sie gab dem letzten Kunden das Wechselgeld zurück, schloss die Kasse ab und lehnte sich an die Tür. Draußen öffnete die Frau benommen ihre Augen und stammelte: »Oh, es tut mir so leid. Ich habe noch nie zuvor gestohlen!« Elena verdrehte die Augen. Immer das gleiche Lied. Warum ließen sie sich nicht neue Ausreden einfallen? Mühsam und unsicher richtete die Frau ihren Oberkörper auf; nun kamen braune Locken zum Vorschein, die auf ihre Schultern fielen. Sie sah in die Mienen, in denen sich Gereiztheit und Ärger spiegelten. Langsam quollen Tränen aus ihren Augen, die Schultern zuckten, und sie schlug die Hände vor ihr Gesicht.

Tief aus ihrem Inneren brachen die Schluchzer hervor. »Wissen Sie, wie das ist, wenn der letzte Cent für Miete und Strom draufgegangen ist? Für etwas Besonderes bleibt da nichts mehr übrig.«

Verlegen starrte der Filialleiter auf seine Fußspitzen. Er wog den gefrorenen Braten in seinen Händen. Dann spannte sich sein Körper, er schien auf dem Sprung zu sein, um in den kleinen Büroraum zu laufen, zum Hörer zu greifen und die Polizei zu rufen.

»Ich hab's doch nur für die Kinder getan. Wenigstens sie sollen sich an Weihnachten freuen können«, flüsterte die Frau. Sein Blick streifte erneut ihren verzweifelten Gesichtsausdruck. Undeutlich murmelte er: »Äh, eigentlich hatten wir das Fleisch dieser Marke eh schon aus dem Verkauf nehmen wollen. Behalten Sie's einfach.«

Am 28. Dezember saß Elena wieder an der Kasse. Wieder schob das Förderband Milchtüten, Kekse und Konserven auf sie zu. Doch dann hielt sie inne. Langsam hob Elena die Augen. Und wieder klingelte sie den Filialleiter herbei. Auf dem Band lagen gemalte Bilder, auf die die winterliche Nachmittagssonne schien. Kinder hatten mit bunten Wachsmalstiften eine glückliche Familie beim Weihnachtsessen gezeichnet, in der Mitte dampfte ein riesiger Braten. Elena blickte nachdenklich die Frau an. Durch die Fenster sah sie, wie nach und nach wieder die künstlichen Bankhochhäuser die Silhouette der Stadt in die Dämmerung zeichneten.

Rita Deschner

39. Die Geburt des Kaisers ist vergessen

Thema	Zwei Friedenskaiser
Vorlesedauer	ca. 2½ Minuten
Hinführung	Manche berühmte Person gerät in Vergessenheit, das göttliche Kind in der Krippe nicht.

Seit 1700 Jahren feiern Christen das Weihnachtsfest. Immer denken sie dabei an die Weihnachtsgeschichte, an die Geschichte, die Lukas aufgeschrieben hat und die so beginnt: »Es war zur Zeit des Kaisers Augustus ...«

Augustus war Kaiser der Römer vor 2000 Jahren. Er war mächtig. Sein Reich war das römische Weltreich, ein Reich rings um das Mittelmeer, ein Reich mit vielen Ländern. Überall waren die Truppen des Kaisers, die Legionen Roms. Auf allen Straßen marschierten sie. Sie fuhren übers Meer. Sie schützten die Grenzen. Sie schützten den Frieden.

Es war eine Zeit des Friedens.

Friedenskaiser hieß Augustus, Heiland, Retter der Welt.

Ein großer Dichter sagte von ihm: »Er bringt uns die neue Zeit. Von jetzt ab wird immer Frieden sein. Er ist wie ein Gott für uns.«

Die Menschen sehnten sich nach Frieden. Sie glaubten an Augustus. Sie bauten ihm Tempel und Altäre. Sie brachten Opfer für ihn, Opfer von Tieren und andere Opfer dem DIVO AUGUSTO, dem Göttlichen.

Die Römer meißelten es in Stein: »Der Kaiser ist unser Gott. Er ist der Herr über alle Menschen. Endlich ist er gekommen. Es ist Advent, die Zeit der Ankunft. Er bringt uns die frohe Botschaft.«

Die Römer erzählten es hin und her auf den Inseln und Kontinenten: »Ein Tag hat uns allen Heil gebracht – der Tag seiner Geburt!«

Zur gleichen Zeit, als die Römer dies überall verkündigten in ihrem Weltreich, als sie es in Stein meißelten – der Geburtstag des Kaisers, Anfang der Welt –, zur gleichen Zeit geschah eine andere Geburt, eine Geburt am Rande des Weltreiches, in einer kleinen Provinz, im Lande der Juden, in Palästina, eine Geburt in Armut, die Geburt von Jesus.

Niemand schrieb etwas auf über diese Geburt. Niemand meißelte etwas in Stein. Niemand weiß mehr das Jahr dieser Geburt, niemand weiß mehr den Tag. Niemand fragte nach dieser Geburt. Damals noch nicht.

Niemand wusste, was aus diesem Kind einmal werden sollte. Damals noch nicht.

Aber diese Geburt hat Glanz gebracht über die Welt. Sie strahlt bis heute, ein großes Licht.

Die Geburt des Kaisers aber ist vergessen.

Dietrich Steinwede

Engel auf den Feldern singen

. . . .

40. Der Engel und der Hirtenjunge

Thema	Der besondere Auftrag
Vorlesedauer	ca. 5 Minuten
Alter	ab Grundschule
Hinführung	Eigentlich sollte der kleine Engel gar nicht mit nach Bethlehem und stört zunächst die größeren Engel bei der Ausübung ihrer Pflichten. Aber dann …

Unter den vielen großen herrlichen Engeln, die den Hirten auf dem Feld in der Weihnachtsnacht die Frohe Botschaft brachten, befand sich auch ein ganz kleiner. Eigentlich war er noch viel zu klein für die weite Reise. Seine großen Brüder hatten ihn deshalb gar nicht mitnehmen wollen.

»Du hast noch nie in unserem Chor mitgesungen«, hatten sie gesagt. »Du spielst kein einziges Instrument. Und den Text der Frohen Botschaft bringst du immer durcheinander.«

Der kleine Engel hatte oben im Himmel nicht zu widersprechen gewagt, aber aufgegeben hatte er nicht. Er wollte unbedingt mit nach Bethlehem. Und weil er ein ziemlich schlauer kleiner Engel war, gelang es ihm, sich beim Aufbruch seiner großen Brüder zwischen den weiten, weißen Gewändern und im Rauschen der goldenen Flügel zu verstecken. So flog er mit auf die Erde.

Sobald er festen Boden unter den Füßen hatte, hüpfte er vergnügt über die Wiese, auf der er gelandet war. Neugierig sah er sich um.

»Aha, das sind also die Schafe!«, rief er entzückt. »Das sind die Hirten! Und das schiefe Häuschen dahinten ist sicher der Stall. Da kann ich sicher gleich hingehen und das Jesuskind anschauen.«

Seine großen Brüder waren nicht sehr erfreut, als sie den kleinen Engel entdeckten. Und dass er so neugierig war und so viel plapperte, gefiel ihnen erst recht nicht.

Der Erzengel Michael nahm ihn beiseite und legte den Finger über die Lippen. »Schscht!«, machte er. »Wenn du schon nicht singen und musizieren und die Frohe Botschaft verkünden kannst wie wir, dann sei wenigstens ruhig!«

Der kleine Engel gehorchte. Er setzte sich zwischen die Schafe und war mucksmäuschenstill. Während die anderen auf ihren Instrumenten spielten und ihre wunderbaren Lieder sangen, gab er keinen Ton von sich. Und bei der Verkündigung der Frohen Botschaft bewegte er nur lautlos die Lippen.

Erst als die Hirten sich auf den Weg zur Krippe machten, wurde er wieder munter. Er wollte sofort hinter ihnen her und das Jesuskind sehen. Außerdem wollte er Maria und Josef die Hand geben. Und den Ochsen und den Esel streicheln.

Der Erzengel Michael erwischte ihn gerade noch rechtzeitig am Ärmel. »Nein, du bleibst hier!«, sagte er streng. »Ich habe eine Aufgabe für dich.«

Der jüngste der Hirten, ein neunjähriger Junge, war nämlich vom Musizieren der Engel und von der Verkündigung der Frohen Botschaft nicht aufgewacht. Er lag noch zwischen den Schafen und schlief.

»Bei ihm bleibst du sitzen!«, bestimmte der Erzengel. »Er ist noch ein Kind und soll sich ausruhen. Wenn er aufwacht, erzählst du ihm, was geschehen ist, und führst ihn zum Stall.«

Der kleine Engel war froh und stolz, dass er nun eine richtige Aufgabe hatte. »Ist gut!«, sagte er. »Du kannst dich auf mich verlassen. Und den Heimweg finde ich auch.« Während seine großen Brüder in den Himmel zurückkehrten, setzte er sich neben den Hirtenknaben und wartete.

Er wartete lange Zeit. Der Morgen graute schon, als der Junge endlich die Augen aufschlug. Als er den kleinen Engel an seiner Seite erblickte, war er zwar ziemlich überrascht, aber kein bisschen erschrocken. »Wer bist du denn?«, rief der Junge. »Ein großer Schmetterling vielleicht? Ist der Frühling schon da?«

»Ich bin kein Schmetterling«, antwortete der kleine Engel. »Und wir haben erst Ende Dezember. Aber in der letzten Nacht wurde dein König und Heiland geboren. Er heißt Jesus und liegt dahinten im Stall zwi schen Ochs und Esel in einer Krippe. Ich bin ein Engel und soll dich hinbringen.«

Sofort sprang der Junge auf und reichte dem kleinen Engel die Hand. Zusammen machten sie sich auf den Weg. Einer war so fröhlich und neugierig wie der andere.

Ingrid Uebe

41. Der Engel mit den leeren Händen

Thema	Jeder kann dem Kind in der Krippe etwas schenken
Vorlesedauer	ca. 1½ Minuten
Alter	ab 5–7 Jahren
Hinführung	Vielleicht ist es nicht auf den ersten Blick zu erkennen, aber jeder hat eine besondere Gabe, auch der kleine Engel in unserer Geschichte.

Im Himmel lebte ein kleiner Engel, der oft einfach übersehen wurde, weil er nicht sehr musikalisch war und auch nicht gut malen konnte. Das machte ihn manchmal traurig.

Eines Tages herrschte auf einmal große Aufregung im Himmel, weil der Erzengel Gabriel allen aufgetragen hatte, sich für die Geburt des göttlichen Kindes eine Überraschung auszudenken. Alle malten und backten schöne Sachen; nur dem kleinen Engel fiel nichts ein.

Dann kam die Heilige Nacht. Alle Engel drängten sich mit ihren schönen Geschenken um das Jesuskind. Nur der kleine Engel dachte verzagt: Am besten ist, ich verstecke mich, weil ich doch mit leeren Händen dastehe.

Das Kind in der Krippe beachtete kaum die schönen Geschenke der großen Engelschar; es schaute lieber den kleinen Engel an, der mit Tränen in den Augen an der Tür stand. Das gab ihm Mut, näher zu treten: Ganz vorsichtig streichelte er die Decke, in die Maria das Kind eingehüllt hatte. Da lächelte das Gotteskind den kleinen Engel an. Sofort stieg dem Engel eine solche Liebe ins Herz, dass er eine Hand erhob und das Kind segnete.

Da wusste der kleine Engel, dass er doch etwas mit seinen ungeschickten Händen tun konnte: streicheln und segnen.

Joseph Weissmann

42. Drei Engel räumen auf

Thema   Das »alte« Weihnachtsfest neu feiern
Vorlesedauer ca. eine Minute
Hinführung   Was alles muss genommen werden, bevor wir das Eigentliche von Weihnachten wieder in den Blick bekommen?

Der Himmel schickte drei Engel in Menschengestalt auf die Erde, um alles zu erfahren, was den Menschen schon früh den Blick auf die Geburt des Christkindes verstellen könnte.

Sie begannen schon im September und räumten den Spekulatius aus den Regalen, im Oktober die Schoko-Nikoläuse. Mitte November verschwanden die Lichterketten aus den Vorgärten und die Lichterbögen aus den Wohnungsfenstern. Für die Werbe-Weihnachtsmänner waren plötzlich keine Kostüme mehr da. Ein gezielter Kurzschluss ließ die illuminierten Weihnachtsbäume Ende November erlöschen, ebenso die beleuchteten Rentier-Schlitten. Auch die an den Fassaden hochkletternden Weihnachtsmänner lagen plötzlich im Dunkeln.

Aus den Adventskalendern der Kinder fielen die Schokoriegel heraus. Und im Fernsehen wies ein Moderator darauf hin, dass der Advent in früherer Zeit eigentlich ein Fastenmonat war.

Es würde still im Land, wenn auch noch das endlose Getöne der herzer wärmenden Weihnachtslieder in den Kaufhäusern unterbliebe. Wir könnten das alte Weihnachtsfest neu feiern: mit Blick auf das Kind in der Krippe, das uns so viel zu sagen hat.

43. Freude, die wir schenken

Thema	Wann ist in den Herzen der Menschen Weihnachten?
Vorlesedauer	ca. 4½ Minuten
Hinführung	Ein kleiner Engel will herausfinden, wann Weihnachten ist, und beobachtet dazu eine Mutter mit ihren Kindern.

»Wann ist denn Weihnachten?«, fragte der jüngste der Engel im Himmel einen andern, der als sehr erfahren galt.

»Ach, du kannst aber Fragen stellen«, sagte der alte Engel, »ganz einfach, wenn der 24. Dezember da ist, dann ist am Abend Weihnachten angesagt.«

Zufrieden war der Jüngste unter den Engeln mit dieser Antwort nicht. Denn ein Datum allein kann ja Weihnachten nicht ausmachen, dachte er sich. Es reifte in ihm die Gewissheit, dass er im Himmel besser keinem mehr diese Frage stellt. Er musste selbst die Antwort finden.

Also schaute er sich auf der Erde nach der Antwort um!

Am 24. abends sah er eine Frau, um die 35 Jahre, müde nach Hause gehen. Sie hatte noch bis zum späten Nachmittag in einem Geschäft den Leuten Weihnachtsgeschenke verkauft. Irgendwie hatte der kleine Engel Mitleid mit ihr, wie sie total geschafft nach Hause eilte und so gerade noch ihren Bus erwischte. Sie wohnte am anderen Ende der Stadt in einer Siedlung. In eines der Häuser ging sie hinein und mit ihr der kleine Engel.

In ihrer Wohnung war richtig Leben, denn da waren drei Kinder. Zwei Jungs, acht und zehn, und eine Tochter, gerade 13 geworden. Einen Vater gab es nicht, so stellte dem Augenschein folgend der kleine Engel fest.

Die Kinder hatten die Wohnung toll mit Sternen und Lichtern geschmückt, die Mutter war bass erstaunt. Das hatte sie nicht erwartet. Und – ihre Nase stellte fest: Da brutzelt schon etwas Gutes zum Abendessen. Die Kinder waren heiter aufgeregt und irgendwie heilfroh, dass sie endlich da war. Sie wurde erwartet und sie war glücklich, endlich daheim zu sein.

Der kleine Engel kam mit dem Schauen gar nicht nach: Stolz trug die Tochter das Essen auf den Tisch. »Auflauf«, nannte sie das. Der Engel kannte so etwas nur als Menschenansammlung, dass man das auch essen konnte, war ihm ganz neu. Aber so ein »Auflauf« scheint ganz gut zu schmecken, stellte er augenscheinlich fest. Dann wurde der Jüngste unerträglich zappelig, das kannte der Engel aus eigener Erfahrung.

Der Jüngste wollte in das andere Zimmer. Und weil das an Weihnachten alles seine Ordnung hatte, ging erst einmal die Mutter allein in diesen Raum. Der kleine Engel war nicht schnell genug und bums, die Tür war zu. Nach einer unerträglich langen Zeit klingelte es aus diesem Zimmer und alle Kinder samt Engel stürzten hinein.

Da leuchtete ein Tannenbaum, darunter eine Krippe und rundherum viele Geschenke, die von einem Tuch verhüllt wurden.

»Halt«, sagte die Mutter, »erst hören wir die Weihnachtsgeschichte.« In diesem Jahr war der Jüngste dran. Er las aus seiner Schulbibel, wie es war, als Maria und Josef auf Herbergssuche in Bethlehem waren und Jesus dann letztendlich in einem Stall geboren wurde. Aber kaum war der Satz verklungen, dass die Hirten zu ihrer Herde zurückkehrten, da stieg wieder die Ungeduld der Kinder. Aber die Mutter blieb standhaft. »Das ist kein Weihnachtsbaum, wenn wir unter ihm nicht gesungen haben«, stellte sie fest. Also sangen die vier »O du fröhliche«, »Stille Nacht« und »Ihr Kinderlein, kommet«. Dann hatte die Mutter ein Einsehen und lupfte das Tuch. Die Geschenke trugen die Namen der Kinder, und jedes war glücklich, dass dieser und jener Wunsch erfüllt worden war.

Das ist die Antwort, stellte der kleine Engel fest, das ist Weihnachten:
Wenn Menschen, müde gearbeitet, wieder hellwach werden;

wenn Menschen miteinander am Tisch sitzen und das Essen herzhaft schmeckt;

wenn Menschen miteinander hören, dass in Jesus das Licht geboren wurde für alle Menschen guten Willens;

wenn Menschen miteinander singen, um einen Baum versammelt, der voller Licht ist;

wenn Menschen erleben: *Freude, die wir schenken, kehrt in das eigene Herz zurück.*

Die Antwort auf seine Frage hatten die vier ihm gegeben, da draußen in der Siedlung vor der Stadt. Der kleine Engel blieb diesen vier treu! Er wurde ihr Schutzengel, total verlässlich, sodass sie manchmal bass erstaunt waren, dass in ihrem Leben alles so gut lief. Das war das Geschenk des kleinen Engels aus Dankbarkeit dafür, dass sie ihm die Antwort auf seine Frage geschenkt hatten. Denn Weihnachten ist, wenn die Freude, die wir schenken, ins eigene Herz zurückkehrt.

Norbert Possmann

44. Der rote Mohn

Thema	Jeder Mensch hat *einen* Flügel und die Menschen müssen einander umarmen, um fliegen zu können
Vorlesedauer	ca. 3 Minuten
Hinführung	Ein kleiner Engel liebte ganz innig eine Blume: den roten Mohn. Dazu gibt es eine schöne Geschichte.

Ein kleiner Engel träumte im Himmel in den Tagen der Weihnacht davon, ganz zu den Menschen auf die Erde zu schweben. Im Traum hatte er eine Mohnblüte gesehen und war von dem Rot so begeistert, dass er vor Gottes Angesicht trat und bat: »Lass mich bitte ein Mensch unter Menschen werden.«

Da trat ein weiser Engel hinzu und flüsterte: »Weißt du auch, dass es auf der Erde nicht nur Blumen gibt, sondern auch Stürme und Unwetter?«

»Ha«, erwiderte der kleine Engel, »aber ich sah einen starken Menschen, der spannte einen großen Schirm auf, sodass zwei Menschen darunter geschützt werden.« Da lächelte Gott dem kleinen Engel zu.

Es vergingen nicht viele Tage, und der kleine Engel trat wieder vor Gott und bat: »Lass mich doch bitte zu den Menschen hinunter!«

Da trat der weise Engel wieder näher und flüsterte: »Da unten gibt es auch bitteren Frost und gefährliches Glatteis!«

»Ja«, erwiderte der kleine Engel, »aber ich sah Menschen, die teilten ihre warmen Mäntel und gingen bei Glatteis Arm in Arm!« Da lächelte Gott wieder dem kleinen Engel zu.

Und er versuchte es zum dritten Mal: »Lass mich doch bitte!«

Aber der weise Engel sagte mit ernster Stimme: »Da unten gibt es auch Tränen und Wut und vor allem: den Tod!«

Doch der kleine Engel erwiderte mit fester Stimme: »Ich sah einen Menschen, der trocknete einem anderen die Tränen, ein anderer reichte die Hand, um sich zu versöhnen, und wieder einer wachte bis zuletzt bei einem, der im Sterben lag. So möchte ich auch werden.«

Da trat der weise Engel zurück. Gott segnete den kleinen Engel für die lange Reise und schenkte ihm viel Licht ins Herz.

Doch bevor er zur Erde fliegen wollte, trat der weise Engel noch einmal vor, nahm ihm einen Flügel ab und machte den anderen unsichtbar. Da sagte der kleine Engel empört: »Und wie soll ich mich ohne Flügel hinabschwingen und wieder zurückfinden?«

»Das herauszufinden, wird deine Lebensaufgabe sein!«, entgegnete der weise Engel.

Das Licht im Herzen des kleinen Engels, der jetzt nur mit *einem* unsichtbaren Flügel unterwegs war, hatte es schwer gegen all die Mühsal und Dunkelheit, die auf ihn warteten.

Nach einigen Jahren musste er feststellen: Seine Kräfte reichten nicht aus, und viele Aufgaben vermochte er nicht zu lösen. Aber seine Liebe zu den roten Mohnblumen war geblieben! Er sehnte sich immer nach ihnen.

Eines Tages setzte er sich in ein Feld voller roter Mohnblüten. Am liebsten hätte er jedem Menschen eine als Zeichen der Liebe geschenkt. Ein müder Wanderer, der vorüberkam und mit ihm ins Gespräch kam, sagte: »Weißt du denn nicht, wie schnell Mohnblumen verwelken?«

Da wehrte sich der kleine Engel: »Aber sie sind doch wie die Liebe. Auch wenn das Äußere verwelkt, ihr Rot bleibt in der Seele!«

Sie schauten sich dabei ins Gesicht, entdeckten noch einen Funken Himmelslicht in ihren Augen und sahen plötzlich an jedem *einen* Flügel. Da umarmten sie sich. Und dann geschah das Wunder: Sie konnten fliegen. Sie merkten: Wenn jeder nur noch *einen* Flügel hat, dann müssen sie sich umarmen, um fliegen zu können.

Da hörte der kleine Engel die Stimme Gottes: »Du hast deine Lebensaufgabe erfüllt. Dein Mohn blüht jetzt im Himmel. Komm heim!«

Nach Elisabeth Bernet

45. Der Weihnachtsengel

Thema   Engel ohne Flügel

Vorlesedauer ca. 2 Minuten

Hinführung Es geschehen manchmal Dinge zwischen Himmel und Erde, für die keiner eine Erklärung hat.

Dieses Jahr waren sie in den Wald gefahren, um sich einen der Bäume auszusuchen, die der Förster freigegeben hatte. Es wurde schon dunkel, als die Fichte endlich verschnürt auf dem Gepäckträger lag. Aber was war das? Der Wagen sprang nicht an! Vater konnte noch so oft den Startversuch wiederholen und noch so heftig schimpfen – der Wagen sprang nicht an. Und hier war kein Schieben möglich; das Handy hatten sie nicht mitgenommen; es war mittlerweile stockdunkel und weit und breit kein Mensch zu sehen.

Der kleine Peter war ganz traurig geworden; still im Herzen betete er, der gute Gott möge ihnen jetzt aus der Patsche helfen, egal wie. Aber es dauerte – bis plötzlich ein Auto daherkam, langsam, als ob der Fahrer etwas suchte. Vater winkte mitten auf dem Weg. Ein junger Mann stieg aus. »Mein Wagen springt nicht an!«

»Das werden wir gleich haben«, meinte der junge Mann und packte das Überbrückungskabel aus. Es klappte auch sofort. Vater war glücklich: »Sie kommen wie von Gott geschickt«, sagte der Vater.

»Komm ich ja auch«, erwiderte lachend der junge Mann.

Peter notierte sich noch rasch das Kennzeichen des fremden Wagens. Als der Vater später den Fahrzeughalter herausbekommen wollte, sagte die Dame am Schalter: »Es tut mir leid, aber dieses Kennzeichen gibt es nicht.«

Zu Hause sagte der Vater nachdenklich: »Ob es ein Engel war, der uns geholfen hat?«

Jörg Müller/Konrad Steininger

46. Der Weihnachtsengel auf dem Seil

Thema	Jeder kann von Gott berufen werden, die frohe Botschaft zu verkünden
Vorlesedauer	ca. 6 Minuten
Alter	ab Grundschule
Hinführung	Ein kleiner Gaukler erlebt auf den Feldern von Bethlehem Wunderbares.

Es waren aber auch Gaukler nach Bethlehem gekommen. Sie liefen durch die Straßen und zeigten auf den Plätzen und vor den Herbergen ihre Kunststücke.

Einer von ihnen – ein Junge – tanzte auf dem Seil, das sein Vater von einem Hausdach zum anderen spannte. In der Mitte drehte er sich um sich selbst, sprang in die Luft und winkte den Kindern zu, die staunend jeden seiner Schritte verfolgten.

Als Clown verkleidet, spielte die Mutter des Jungen auf einer Trompete, während der Vater die Münzen einsammelte, die man ihm zuwarf.

Dann kam die Nacht, plötzlich und kalt. Die Sonne war untergegangen. Niemand wollte länger auf der Straße und an den offenen Fenstern bleiben. Die Gaukler liefen zu ihrem Pferd zurück, das vor dem Stadttor auf sie wartete.

»Hier könnt ihr nicht stehen bleiben«, fuhr sie ein Wächter an. »Macht euch davon, und seht zu, wo ihr bleibt!«

Das armselige Gefährt rollte in die Nacht hinaus. In der Nähe einer Weide würden sie vielleicht eine verlassene Scheune finden, Schutz vor Kälte und wilden Tieren. Schweigsam liefen Vater und Mutter neben dem Wagen her. Der Junge saß auf dem Bock, eine Taube mit verletzten Flügeln im Arm. Sie war ihm zugeflogen. Er pflegte sie, gab ihr zu essen und zu trinken.

Niemand begegnete ihrem Gefährt, außer einem Mann und einer Frau, die auf einem Esel ritt und hochschwanger war.

»Ist es noch weit nach Bethlehem?«, fragte der Mann.

»Nein, aber wie wir werdet ihr Mühe haben, eine Unterkunft zu finden.«

Am Ende führte der Vater Pferd und Wagen unter einen Baum, da weit und breit weder ein leerer Stall noch sonst ein Dach zu entdecken war. Nach einem kargen Mahl legten sie sich unter eine Decke zum Schlafen nieder. Doch der Junge fand keine Ruhe. Ohne Vater und Mutter zu wecken, erhob er sich und lief in die Nacht hinaus. Es war eine seltsame Nacht. Noch nie hatte er die Sterne so klar und wunderbar gesehen. Nichts rührte sich. Die Sträucher und Bäume standen da, starr vor Kälte und voller Erwartung. Als er die Hirten und Schafe entdeckte, hoffte er, die Männer würden ihn und seinen Vogel eine Weile am Feuer dulden.

Die Hirten schliefen, von merkwürdigen Träumen geplagt. Der Hund, der die Herde bewachte, begann bei seinem Anblick laut zu bellen. Plötzlich aber legte er sich, wie verzaubert, vor seine Füße.

Nur einer der Männer stocherte mit seinem Stab im Feuer herum. Er musterte den fremden Jungen und höhnte: »An unserem Feuer gibt es keinen Platz für fahrendes Volk. Tut eine rechte Arbeit, dann könnt ihr euch am eigenen Feuer wärmen.«

Da machte sich der Junge wieder davon, in die Dunkelheit hinaus. Er versuchte, die Sterne am Himmel zu zählen. Da umhüllte ihn auf einmal ein Mantel aus Licht und Wärme. Jemand fasste seine Hand, und zwei Flügel gingen über ihm auf. Er glaubte zu träumen, denn er konnte keine andere Hand sehen, die seine kleine Hand so fest hielt und führte. Aber sein Herz erkannte den Engel.

Und der Engel führte ihn zurück zu den Hirten, die sich, aufgescheucht aus dem Schlaf, die Augen rieben und sich fürchteten. Der Mann, der ihn vom Feuer gewiesen hatte, fiel vor ihm auf die Knie und bedeckte sein Gesicht mit beiden Händen. Der Junge wusste nicht mehr, wie ihm geschah. Demütig sprach er die Worte, die der Engel ihm eingab: »Fürchtet euch nicht, siehe ich verkündige euch große Freude, die allem Volk widerfahren wird. Denn euch ist heute der Heiland geboren, welcher ist Christus, der Herr, in der Stadt Davids.«

Und alsbald fielen tausend Stimmen ein, die lobten Gott und sangen: »Ehre sei Gott in der Höhe und Friede auf Erden und den Menschen ein Wohlgefallen.«

Die Hirten, ergriffen und erschrocken, machten sich auf gegen Bethlehem, um das Kind in der Krippe zu finden. Mit einem Schrei aber erhob sich aus den Armen des Gauklers die Taube, um ihnen zuvorzukommen.

Als der hartherzige Hirte am frühen Morgen auf das Feld zurückkehrte, begann er sogleich nach dem Jungen zu suchen, um ihn um Verzeihung zu bitten. Doch die Gaukler waren weitergezogen. Der Junge saß auf dem schwankenden Karren, still und noch immer verwundert. Was war ihm nur geschehen?

Da setzte sich, wie eine Antwort auf seine Frage, die Taube mit heilen Flügeln auf seine Schulter, um für immer bei ihm zu bleiben. Erst als er im Licht der aufgehenden Sonne eine kleine Stadt erblickte, erwachte er aus seiner Versunkenheit und freute sich darauf, staunenden Kindern auf dem Seil seine Kunststücke zu zeigen.

Max Bolliger

47. Der Engel der Vergebung

Thema   Vergebung erfahren – eine Botschaft von Weihnachten
Vorlesedauer   ca. 6 Minuten
Hinführung   Manchmal kann ein Traum Wunder bewirken …

Ich bin, wie man so schön sagt, ein ganz normaler Mensch. Einer, der sich bisher mehr schlecht als recht durchs Leben geschlagen hat. Einiges gelang mir ganz gut, dann und wann gab es kleine Erfolge zu feiern, die mich aus der Grautönigkeit des Alltags herausrissen. Anderes wiederum ging schief, anfangs verheißungsvoll anmutende Projekte zerschlugen sich, Freunde distanzierten sich, doch auf anderer Ebene gewann ich neue hinzu. Wie das Leben eben so spielt. Dabei blieb es natürlich nicht aus, dass ich andere Menschen verletzt und gekränkt habe, oder anders ausgedrückt: an ihnen schuldig geworden bin. Manches konnte ich durch ein Gespräch klären und dadurch aus der Welt schaffen, anderes lastete jahrelang auf meiner Seele und raubte mir bisweilen den Schlaf. Heute, ausgerechnet zu Weihnachten, war wieder eine solche Nacht. Die Worte aus dem Weihnachtsevangelium »Fürchtet euch nicht« und die Gebete um Frieden und Versöhnung gingen mir immer wieder durch den Kopf. Unruhig wälzte ich mich im Bett von einer Seite auf die andere. Dunkle Bilder aus der Vergangenheit stiegen in mir auf; die Verletzungen, die ich anderen Menschen zugefügt hatte, liefen wie ein Film vor meinem inneren Auge ab. Ich fragte mich, wo sie denn sind, die helfenden und rettenden Engel, die einem die Last der Schuld vom Herzen tragen, und betete und flehte um Gnade.

Ich muss dann wohl doch eingenickt sein, als ich plötzlich eine sanfte Stimme wahrnahm: »Ich bin der Engel der Vergebung. Schreibe alles auf, was dich belastet!« »Das wird eine endlose Qual!« »Der musst du dich stellen, wenn du innerlich frei werden willst.« »Ich weiß gar nicht, wo ich beginnen soll«, stöhnte ich. »Fang mit dem an, was dich jetzt gerade umtreibt.«

Er reichte mir ein dickes Buch mit unbeschriebenen Seiten, dazu einen goldenen Stift. »Und was passiert damit, wenn ich fertig bin?« »Ich nehme es mit und trage dadurch alles, was dich belastet, weit von dir weg.« Das hörte sich gut an, und so begann ich.

Anfangs tat ich mich schwer, für all das, was ich anderen angetan hatte, die richtigen Worte zu finden. Ich fürchtete auch, der Engel könne mir beim Schreiben heimlich über die Schulter sehen. Obwohl ich ahnte, dass Engel auch um die dunklen Seiten der Menschen wissen, gab es so vieles, dessen ich mich schämte. Doch meine Angst erwies sich als überflüssig. Der Engel hatte sich an meinem Fußende niedergelassen und nickte mir nur dann und wann aufmunternd zu.

Es müssen Stunden vergangen sein, denn als ich das Buch vollgeschrieben hatte, ließen die ersten Morgennebel schon einen neuen Tag ahnen.

Der Engel nahm mir Buch und Stift ab, breitete seine Flügel aus und erhob sich zum Himmel.

Und dann passierte das Entsetzliche. Er ließ das Buch fallen. »Nein!«, schrie ich aus vollster Kehle. Jetzt konnte jeder meine Fehler und Sünden lesen. Ich würde mich nie mehr unbefangen unter den Mitmenschen bewegen können. Zu tief saß in mir das Gefühl von Scham. »Du brauchst dich nicht zu fürchten!«, hörte ich den Engel noch sagen, dann war er meinen Blicken entschwunden. Der hatte gut reden. Eben noch hatte ich Vertrauen in die Macht des Himmels gehabt, endlich von den Albträumen meines bisherigen Lebens befreit zu werden, und jetzt fühlte ich mich, als sei ich geradewegs in die Hölle gestürzt. Mit Entsetzen sah ich, wie das Buch immer tiefer sank; doch es wurde dabei offensichtlich immer kleiner. Als ich seinen Aufprall erwartete, hatte es sich in Luft aufgelöst.

Schweißgebadet wachte ich auf. Ich blieb noch ein wenig liegen und sann der vergangenen Nacht nach. Hatte ich geträumt oder war alles wahr gewesen, was ich erlebt hatte? Gab es denn Engel mit dicken Büchern und goldenen Stiften?

Schließlich stand ich auf und richtete mein Frühstück. Danach begann ich, Briefe an die Menschen zu schreiben, denen ich im Laufe der Jahre weh getan hatte. Dabei spürte ich mich innerlich wie befreit. Mir, die ich mich sonst so schwer mit dem Schreiben tat, flossen die Worte nur so auf das Papier. Auch alles Weitere ging mir heute leicht von der Hand. Die Dinge, die mich über Jahre so schwer belastet hatten, hatten sich offenbar in mir gelöst. Ich konnte jetzt an sie denken, ohne dass mir schwer ums Herz wurde. Also war der Engel doch wahr und wirklich gewesen und die Heilige Nacht war für mich zu einer heilenden Nacht geworden.

Am Abend dieses Weihnachtstages beschloss ich, in Zukunft alles, was mich bedrückt, vor allem die Ereignisse, in denen ich Menschen weh getan hatte, aufzuschreiben. Auf die linke Seite eines Buches. Und auf die rechte meine Fantasien dazu, welche Wege zur Entschuldigung und Versöhnung möglich wären. Jedenfalls will ich nicht, dass sich wieder so viel Schuld ansammelt, bis sie mich schier zu erdrücken droht. Den Hil-

feschrei nach einem Engel hebe ich mir von jetzt an lieber für andere
Gelegenheiten auf.

Christa Spilling-Nöker

48. Der Nachweihnachtsengel

Thema   Das Kind in der Krippe nimmt unseren Kummer an

Vorlesedauer ca. 3 Minuten

Hinführung Wir hören von einer Freude, die Weihnachten über-
dauert.

Als ich dieses Jahr meine Krippe und die fünf Weihnachtsengel wieder
einpackte, behielt ich den Letzten in der Hand. »Du bleibst«, sagte ich.
»Ich brauche ein bisschen Weihnachtsfreude für das ganze Jahr.«
»Da hast du aber Glück gehabt«, sagte er.
»Wieso?«, fragte ich ihn.
»Na, ich bin doch der einzige Engel, der reden kann.«
Stimmt! Jetzt erst fiel mir auf: ein Engel, der redet? Da hatte ich wirklich
Glück gehabt.
»Wieso kannst du eigentlich reden? Das gibt es doch gar nicht!«
»Doch, das ist so. Nur wenn jemand nach Weihnachten einen Engel zu-
rückbehält, nicht aus Versehen, sondern wegen der Weihnachtsfreude
– wie bei dir –, dann können wir reden. Aber es kommt ziemlich selten
vor. Übrigens, ich heiße Heinrich.«
Seitdem steht Heinrich in meinem Wohnzimmer im Regal. In den Hän-
den trägt er seltsamerweise einen Müllkorb. Heinrich steht gewöhnlich
still an seinem Platz, aber wenn ich mich über irgendetwas ärgere, hält
er mir seinen Müllkorb hin und sagt: »Wirf rein!«
Ich werfe meinen Ärger hinein – weg ist er! Manchmal ist es ein kleiner
Ärger: wenn ich zum Beispiel meine Brille verlegt habe oder meinen
Haustürschlüssel nicht finde. Es kann aber auch ein größerer Ärger sein
oder eine Not, ein Schmerz, mit dem ich nicht fertigwerde.

Eines Tages fiel mir auf, dass Heinrichs Müllkorb immer gleich leer war.
Ich fragte ihn: »Wohin bringst du das alles?«

»In die Krippe«, sagte er.

»Ist denn so viel Platz in der kleinen Krippe?«

Heinrich lachte. »Pass auf: In der Krippe liegt ein Kind, das ist noch
kleiner als die Krippe. Und sein Herz ist noch viel kleiner. Deinen Kummer lege ich in Wahrheit gar nicht in die Krippe, sondern in das Herz des
Kindes. Verstehst du das?«

Ich dachte lange nach. »Das ist schwer zu verstehen. Und trotzdem freue
ich mich. Komisch, nicht?«

Heinrich runzelte die Stirn. »Das ist gar nicht komisch, sondern das ist
die Weihnachtsfreude. Verstehst du?«

Auf einmal wollte ich Heinrich noch vieles fragen. Aber er legte den
Finger auf den Mund. »Pst«, sagte er, »nicht reden. Nur sich freuen!«

Verkürzt nach Dietrich Mendt

Tipp: Behalten Sie doch auch mal einen Engel zurück – wegen der Weihnachtsfreude! Und spitzen Sie die Ohren. Sie werden es hören: »Wirf
rein!«

Ihr Hirten, erwacht

. . . .

49. Am Hirtenfeuer

Thema	Die Verheißung: Der Wolf grast bei den Lämmern
Vorlesedauer	ca. 3 Minuten
Hinführung	Es ist schön, an einem Lagerfeuer zu sitzen und zuzuhören, was die Alten sich alles erzählen.

Auf den Feldern vor den Toren der Stadt Bethlehem brannte ein Feuer. Drum herum saßen die Hirten und wärmten sich, denn es war Winter und die Nächte waren kalt. Um sie her im Kreis lagerten die Schafe in friedlicher Ruhe. Nur die Hunde streiften rastlos um die Herde und wachten.

»Wäre das schön«, seufzte Samuel, der junge Schäfer, plötzlich, »wenn es keine Wölfe mehr gäbe, die die Herde bedrohen!« Jakob aber schüttelte unwillig den Kopf und erwiderte seinem Kameraden: »Was sollen die Träume! Solange es Schafe gibt, wird es auch Wölfe geben, die sie reißen.«

Da hob Elias, der Alte, das weiße Haupt, blickte die beiden mit hellen Augen an und sprach geheimnisvoll: »Wer weiß, wer weiß. Ich habe von einer Verheißung gehört, dass eines Tages die Wölfe friedlich mit den Lämmern grasen werden.«

»Wann wird das sein?«, fragte Samuel rasch. Der Alte wiegte bedächtig das Haupt. »Im Buche steht, dass eines Tages der Sohn Gottes als Mensch geboren werden wird. Dann wird alle Feindschaft auf Erden aufhören und Friede unter den Menschen und unter den Tieren sein. Aber wann dieser Tag anbricht, das weiß niemand zu sagen.«

Sinnend schauten die Hirten ins Feuer. Auf einmal vernahmen sie einen lieblichen Gesang, so süß, dass er ihnen das Herz anrührte. Als sie sich umwandten, gewahrten sie auf der Straße zur Stadt einen alten Mann und eine junge Frau im blauen Kapuzenmantel, die von einem kleinen

Esel begleitet wurden. Und die Frau sang, sang für das Kind, das sie unter dem Herzen trug, und heiterer Friede breitete sich aus in den Seelen derer, die ihr lauschten.

Die Hirten schauten der Frau nach, bis sie ihren Blicken entschwunden war. Als sie sich endlich wieder dem Feuer zuwandten, merkten sie, dass auch die Schafe die Köpfe nach Bethlehem gekehrt hatten, und selbst die Hunde hatten in ihrem rastlosen Lauf innegehalten und standen mit gespitzten Ohren. Plötzlich wies Samuel vorsichtig mit der Hand über die Herde und flüsterte: »Seht einmal, dort! Das ist keiner unserer Hunde; das ist der Wolf!«

Die anderen Hirten folgten seinem Zeichen und nickten dann. Ja, der Wolf bei den Schafen. Wie diese stand er, vom Zauber des Gesangs ergriffen, und schaute gen Bethlehem. Da leuchtete das Gesicht des alten Elias, und er rief: »Noch glaubten wir, dass das Wunder, von dem wir sprachen, erst in ferner Zeit geschehen werde, und nun ist es ganz nahe. Der Sohn Gottes kommt in die Welt. Untrüglich ist das Zeichen: Friedlich grast der Wolf bei den Lämmern.«

Georg Dreißig

50. Das Licht des kleinen Hirten

Thema	Nicht immer braucht es den Glanz der Engel
Vorlesedauer	ca. 3½ Minuten
Alter	ab Grundschule
Hinführung	Ein Hirtenkind sucht ein Geschenk für das neugeborene Kind in der Krippe und nimmt als Geschenk seine Lampe mit.

Nachdem der Engel den Hirten auf dem Felde die Frohe Botschaft verkündet hatte, machten sie sich auf nach Bethlehem. Die Worte des Engels gaben ihnen Flügel.

»Und das habt zum Zeichen!«, hatte der Engel gesagt, »ihr werdet finden das Kind, in Windeln gewickelt, in einer Krippe liegen.«

Ein Kind, ärmer noch als der Ärmste unter ihnen? Sie nahmen also Geschenke mit, von dem, was sie so hatten: ein Lämmlein, einen geschnitzten Stab, ein Fell, Milch und Brot.

Der Jüngste aber unter den Hirten fand nichts, was er dem Kind hätte bringen können. Er besaß nichts, von dem er dachte, es könnte dem Kind Freude bereiten. Da kam ihm plötzlich seine Lampe in den Sinn. Wie sehr hatte er sich eine Lampe gewünscht, als er noch ein kleiner Junge war. Sicher brauchte das Jesuskind auch eine Lampe. Es würde ihm schwerfallen, sich davon zu trennen. Wie würde er sich fortan wieder fürchten, allein in der Nacht auf dem Feld, allein und ohne Lampe! Doch er musste dem Kind seine Lampe bringen.

Entschlossen lief er den anderen Hirten nach.

Als sie zum Stall kamen, fanden sie alles so, wie der Engel es ihnen gesagt hatte: ein Kind, arm und bloß. Aber auch eine unerwartete Helle blendete sie. Erschrocken starrten sie in die Lichtflut und getrauten sich kaum in die Nähe des göttlichen Kindes.

Der Glanz kam von den Engeln, die über dem Stall schwebten und jubelten, und er kam von der Freude, die allem Volk widerfahren war.

Nur der junge Hirte war traurig und schämte sich mit seiner armseligen Lampe. Er hielt sie fest in seiner Hand und versteckte sie hinter seinem Rücken. Was hatte er sich bloß gedacht, dem König aller Könige eine Hirtenlampe schenken zu wollen! Die Enttäuschung trieb ihm die Tränen in die Augen.

Maria und Josef begrüßten die Hirten voller Dankbarkeit. Einer nach dem andern trat zur Krippe, fiel ehrfürchtig auf die Knie und brachte seine Geschenke dar.

Zuletzt kam die Reihe auch an den Jüngsten. Als er sich über das Kind beugte, ergriff ihn ein großes Staunen. Er stellte seine Lampe vor die Krippe und breitete die leeren Arme aus. Da lächelte das Kind zum ersten Mal und wollte mit seinen winzigen Fingerchen nach dem dünnen Licht des Hirten greifen. Es verlangte so sehr danach, dass Gott ein Wunder tat.

Er löschte den Glanz der Engel aus, nur für einen Augenblick zwar, aber er löschte ihn aus. Da brannte nur noch die kleine Lampe des Hirten und flackerte im Wind, der durch die Mauern blies. Sie gab ein trauliches Licht.

Alle, die versammelt waren, rückten näher zusammen. Es wurde ihnen warm ums Herz, und sie hielten sich bei den Händen. Gerne wären alle lange um das kleine Licht gekniet, aber Gott musste die Engel wieder leuchten lassen, damit auch die drei Könige, die schon ganz nahe waren, den Weg zur Krippe fanden.

Max Bolliger

51. Zeichen einer neuen Zeit

Thema	Mit Weihnachten beginnt eine neue Zeit
Vorlesedauer	ca. 2 Minuten
Alter	ab Grundschulalter
Hinführung	Ein kleiner Hirte hat eine großartige Idee.

Die Nacht war bitterkalt und die Hirten saßen eng beieinander am Feuer. Keiner sagte ein Wort, aber auf ihren Gesichtern konnte man lesen, wie sehr sie die Begegnung mit Jesus, dem kindlichen König in der Krippe, berührt hatte. Seine Geburt in dem ärmlichen Stall war so etwas Großes für sie, dass ihnen alle Worte fehlten. Nachdem sie lange so dagesessen hatten, brach der Älteste von ihnen das Schweigen: »Wisst ihr, ich habe schon oft in solch einer kalten Nacht gewacht und den Sternen zugesehen. Mitten in der Finsternis sind sie wie kleine Fenster, durch die das geheimnisvolle Licht des Himmels leuchtet. Ich glaube, der kindliche König ist auch so wie ein Stern. Nur ist er es anders, viel wirklicher und tausendmal heller – er ist das Licht selber.« Nach diesen Worten schwiegen sie wieder, bis sie auf den Jüngsten in ihrem Kreis aufmerksam wurden.

Ganz versunken nestelte der mit seinen Fingern an einem Strohhalm herum.

»Was machst du denn da?«

»Ich habe mir die Halme als Erinnerung aus dem Stall mitgenommen«, erklärte der Kleine. »Als wir vorhin an der Krippe waren und die vornehmen Leute aus dem Osten mit Geschenken kamen, wollte auch ich dem kindlichen König etwas schenken. Allein, wir Hirten sind so arm! Als Großvater aber eben von den Sternen erzählte, habe ich begonnen, aus diesen Halmen einen Stern zu flechten, und den will ich dem Jesuskind schenken.«

Die Hirten fanden dies eine sehr schöne Idee und begleiteten ihren jüngsten Sprössling am kommenden Abend zum Stall. Als sie dort ankamen, war aber niemand mehr da. Darüber wurden sie sehr traurig, bis ihre Trauer von einer geheimnisvollen Macht verwandelt wurde. Mit viel Liebe begannen die Hirten aus dem Stroh der Krippe Sterne zu flechten.

Noch in derselben Nacht gingen sie los und verschenkten ihre Strohsterne an die Menschen in Bethlehem.

»Im Dunkel scheint ein neues Licht. Gott liebt die Menschen«, erklärten sie ihre Geschenke. »Er hat seinen Sohn auf die Erde gesandt – ab heute gilt ein neues Gesetz: Liebe soll herrschen statt Macht, Schwäche und Zärtlichkeit statt Kraft und Härte, verschenken statt besitzen – und Armut ist mehr als Reichtum.«

So wurden in jener Nacht die ersten Strohsterne auf Erden verschenkt zum Zeichen für eine neue Zeit. Wenn dir ein Mensch einmal einen solchen Stern schenkt, behüte ihn wohl, er wurde aus Liebe geflochten – damals in Bethlehem wie heute – und sein Stroh ist unendlich mehr wert als alles Gold der Erde.

Claudia und Ulrich Peters

52. Der verbitterte Hirte

Thema   In der Heiligen Nacht ist alles anders

Vorlesedauer ca. eine Minute

Hinführung   Ein versteinertes Herz nützt seine Chance.

Eine Legende erzählt: In der Nacht, als Jesus geboren wurde, macht sich Josef auf den Weg, um Feuer bei einem Hirten zu holen. Doch er gerät an einen verbitterten Menschen, der seinen Hund auf ihn hetzt! Aber was ist das für eine Nacht?: Die Zähne gehorchen dem Tier nicht und es kann nicht zubeißen! Josef will weitergehen, aber die Schafe liegen so dicht, dass er nicht vorwärts kommt. Aber was ist das für eine Nacht?: Er steigt auf die Rücken der Tiere, um zum Feuer zu kommen. Und keines erwacht! Darauf schleudert der Hirt seinen Speer nach dem Fremdling. Aber was ist das für eine Nacht?: Der Speer saust vorbei. Schließlich bekommt Josef auf die Frage nach Feuer die hämische Auskunft: »Nimm dir ruhig einige glühende Kohlen, wenn du sie anfassen kannst!« Denn der Hirt sieht, dass der Fremde weder Schaufel noch Eimer hat. Aber was ist das für eine Nacht?: Josef trägt die Kohlen in seinen bloßen Händen davon! – Da wird der Hirt nachdenklich und folgt ihm. Und als er sieht, wie erbärmlich dieser Mann mit seiner jungen Frau und einem Neugeborenen in der Steingrotte haust, wird sein versteinertes Herz weich. Er breitet ein kostbares Fell für das Kind aus. Da werden seine Augen und Ohren geoffnet, und er hört den Gesang der Engel. Jetzt versteht er die Botschaft. Er fällt auf die Knie und dankt Gott.

FREI NACH SELMA LAGERLÖF

53. Das besondere Geschenk

Thema   Der neugeborene König braucht Menschen, die sein Licht weitertragen

Vorlesedauer ca. eine Minute

Hinführung   Warum ein kleiner Hirt mit nach Bethlehem gehen darf.

Es war bitterkalt. Die Hirten wärmten sich am Feuer. Die Nachricht vom neugeborenen König beschäftigt sie. Sie möchten ihn sehen, von dem sie Rettung und Frieden erwarten. Auch der kleine Hirte Philipp tritt näher und hört zu. Sie überlegen, was sie dem Kind in Bethlehem schenken können.

Aber wer bleibt bei den Schafen? Die können sie doch nicht alleine lassen! Da kommt einer der Hirten auf die Idee: Derjenige muss dableiben, dessen Geschenk am leichtesten ist.

Sie stellen eine Waage bereit.

Einer bringt einen Krug mit Milch und legt noch einen Käse dazu. Ein anderer bringt einen Korb mit duftenden Äpfeln. Der Dritte schleppt ein Bündel Holz herbei, damit sich alle im Stall wärmen können. Bleibt nur noch der kleine Philipp übrig.

Philipp hat nur eine Laterne mit einem winzigen Licht. Das wiegt nicht viel. Er überlegt. Dann aber steigt er mit der Laterne in der Hand auf die Waage und sagt: »Ich komme als Geschenk hinzu! Der neugeborene König wird vor allem welche brauchen, die sein Licht weitertragen.«

Es wird still ums Feuer. Die Hirten schauen nachdenklich auf den kleinen Philipp. Sie denken über seine Worte nach. Sie spüren: Der darf auf keinen Fall zurückbleiben.

54. Der kleine Hirte und der große Räuber

Thema	Wer dem Kind in der Krippe begegnet, wird verwandelt
Vorlesedauer	ca. 6 ½ Minuten
Alter	ab 5 Jahre
Hinführung	Wie aus einem großen Räuber ein großer Hirte wurde, davon erzählt diese Geschichte:

In jener Nacht, als die Schafweide vom Glanz der himmlischen Boten erfüllt war, hörte auch ein kleiner Hirte die Nachricht von der Geburt des Gottessohnes. Er stand auf, rollte seine Decke zusammen, füllte einen Krug mit Milch und packte Brot und Schinken in ein Bündel. Das alles wollte er dem göttlichen Kind als Geschenk mitbringen. Voller Freude machte er sich auf den Weg nach Bethlehem.

In dieser Gegend hauste ein großer Räuber. Von seiner Höhle aus sah er den hellen Schein über der Schafweide. Er hörte jubelnden Gesang, aber er konnte die Worte nicht verstehen. Er dachte: »Die feiern ein Fest, ich aber sitze allein in meiner Höhle, und mein Magen knurrt vor Hunger. Ich will mich anschleichen und sehen, was ich rauben kann.«

Kaum war der große Räuber aus seiner Höhle herausgekommen, da musste er sich hinter einem Baum verstecken. Denn einer nach dem anderen zogen die Hirten an ihm vorbei. Sie schleppten Körbe mit Käse und Honig, sie trugen Rucksäcke voll Wolle, und einer führte sogar ein Lamm mit sich. Der Letzte in der Reihe war der kleine Hirte. Er ging langsam, denn seine Last war schwer. In der einen Hand trug er das Essensbündel, in der anderen den Krug, und die Rolle mit der Decke hatte er sich um die Schultern gelegt. Der Räuber sah, wie der Abstand zwischen dem kleinen Hirten und seinen Gefährten immer größer wurde. »Das ist mir recht«, dachte der große Räuber. Und er schlich dem kleinen Hirten nach und lauerte auf eine Gelegenheit, ihn zu überfallen.

In dieser Nacht aber herrschte ein seltsames Kommen und Gehen auf allen Wegen. Gerade die Ärmsten im Lande konnten nicht schlafen. Viele krochen aus ihren Hütten, sahen zum Himmel hinauf und fragten, ob etwas Besonderes geschehen sei. Auch ein alter Mann stand vor seiner Tür, als der kleine Hirte vorüberging. Der alte Mann schlug die Hände um seinen Leib, und er trat von einem Bein auf das andere. »Was ist mir dir?«, fragte der kleine Hirte. »Ich friere«, sagte der alte Mann. »Vor Kälte kann ich nicht schlafen.« Da nahm der kleine Hirte die Decke von seinen Schultern und gab sie dem alten Mann. »Nimm nur«, sagte er, »dem kleinen Gottessohn ist es sicher recht, wenn du seine Decke hast.« Der große Räuber, der dem kleinen Hirten nachgeschlichen war, ärgerte sich. »Schenkt der die Decke her, die ich rauben will!«, dachte er.

Bald darauf fand der kleine Hirte ein Mädchen, das saß vor seiner Hütte und weinte. »Was ist mit dir?«, fragte er.

»Ich habe Durst«, klagte das Mädchen. »Vor Durst kann ich nicht einschlafen. Und der Weg zum Brunnen ist weit und finster.«

Der kleine Hirte gab dem Mädchen den Krug mit der Milch. »Nimm nur«, sagte er, »dem kleinen Gottessohn ist es sicher recht, wenn du seine Milch trinkst.«

Das kleine Mädchen freute sich, aber der Räuber, der dem kleinen Hirten nachgeschlichen war, ärgerte sich noch mehr. »Schenkt der die Milch her, die ich rauben will!«, dachte er. »Ich muss mich beeilen, dass ich wenigstens das Bündel erwische.« Und sein hungriger Magen knurrte laut in der stillen Nacht. Bei der nächsten Wegbiegung sprang der Räuber mit einem gewaltigen Satz auf den kleinen Hirten los.

Der kleine Hirte sah den großen Räuber an. »Ist das dein Magen, der so schrecklich knurrt?«, fragte er. »Die ganze Zeit schon höre ich dieses Knurren hinter mir. Du tust mir leid. Da, nimm und iss! Dem kleinen Gottessohn ist es sicher recht, wenn ich dir sein Essen gebe.« Der Räuber aß das Brot und den Schinken und ließ nicht das kleinste Stückchen übrig, aber es wurmte ihn, dass er das Essen geschenkt bekommen hatte.

»Jetzt muss ich mit leeren Händen vor dem kleinen Gottessohn stehen«, sagte der Hirte traurig. »Aber hingehen und ihn begrüßen will ich doch und ihm sagen, dass ich mich über seine Geburt freue.« Und er erzählte dem Räuber, was die himmlischen Boten verkündet hatten. Der Räuber dachte: »Wenn Gottes Sohn geboren ist, kommen bestimmt auch alle reichen Leute, und es wird ein herrliches Fest. Ob da für mich was abfällt?«

»Komm doch mit!«, sagte der kleine Hirte mitten in die Gedanken des großen Räubers, und der große Räuber ging mit ihm. Als sie aber in Bethlehem angekommen waren, staunte der Räuber sehr. Denn da fanden sie nur einen Stall, in dem die Hirten ein- und ausgingen, und eine junge Mutter, die aus der Hirtenwolle eine kleine Decke webte, und einen armen Mann, der Bretter zu einem kleinen Bett zusammenfügte. Das göttliche Kind lag in einer Krippe, mit nichts als ein bisschen Stroh und ein paar Windeln unter sich.

»Diesem Kind habe ich das Brot und den Schinken weggegessen«, dachte der große Räuber und schämte sich.

»Schau, Jesus«, sagte die Mutter Maria, »da ist ein kleiner Hirte zu dir gekommen; er hat dir einen großen Räuber mitgebracht.«

Die Mutter Maria lächelte den kleinen Hirten an, und der verstand auf einmal, dass er doch nicht mit leeren Händen gekommen war. Und die Mutter Maria lächelte den großen Räuber an, und der war ganz verwirrt und dachte: »Da stimmt etwas nicht! Große Räuber tun keinem leid, bekommen nichts geschenkt und werden von niemandem angelächelt. Mir scheint, ich bin gar kein großer Räuber mehr.«

»Mir scheint, du könntest ein großer Hirte werden«, sagte da die Mutter Maria. »Du bist so stark, und starke Hirten braucht man immer.«

»Ich will's versuchen«, brummte der große Räuber, der eigentlich schon keiner mehr war. Und sie verabschiedeten sich und gingen den Weg zu der Schafweide zurück: ein kleiner Hirte und ein großer Hirte.

Lene Mayer-Skumanz

55. Der Hirt mit den Krücken

Thema	Die Weihnachtsbotschaft kann die Herzen der Menschen verwandeln
Vorlesedauer	ca. 3 Minuten
Hinführung	Nicht alle Menschen haben im Auf und Ab des Lebens ihren Glauben bewahrt oder zum Glauben gefunden. Aber wie immer: Es ist nie zu spät.

Es war einmal ein Hirte. Der lebte auf einem Felde in der Nähe Bethlehems. Er war groß und stark, aber er hinkte und konnte nur an Krücken gehen. Darum saß er meistens mürrisch am Feuer und sah zu, dass es nicht ausging. Die anderen Hirten fürchteten ihn.

Als den Hirten in der Heiligen Nacht ein Engel erschien und die frohe Botschaft verkündete, da wandte er sich ab. Und als sie sich aufmachten, das Kind zu finden, so wie es ihnen der Engel gesagt hatte, blieb er allein am Feuer zurück. Er schaute ihnen nach, sah, wie das Licht ihrer Lampen kleiner wurde und sich in der Dunkelheit verlor. »Lauft, lauft! Was wird es schon sein? Ein Spuk, ein Traum!«

Die Schafe rührten sich nicht. Die Hunde rührten sich nicht. Er hörte nur die Stille. Er stocherte mit der Krücke in der Glut. Er vergaß, frisches Holz aufzulegen.

Und wenn es kein Spuk, kein Traum wäre? Wenn es den Engel gab? Er raffte sich auf, nahm die Krücken unter die Arme und humpelte davon, den Spuren der anderen nach.

Als er endlich zu dem Stall kam, dämmerte bereits der Morgen. Der Wind schlug die Tür auf und zu. Ein Duft von fremden Gewürzen hing in der Luft. Der Lehmboden war von vielen Füßen zertreten. Er hatte den Ort gefunden.

Doch wo war das Kind? Der Heiland der Welt, Christus, der Herr in der Stadt Davids?

Er lachte. Es gab keine Engel. Schadenfroh wollte er umkehren. Da entdeckte er die kleine Kuhle, wo das Kind gelegen hatte, sah das Nestchen im Stroh. Und da wusste er nicht, wie ihm geschah.

Er kauerte vor der leeren Krippe nieder. Was machte es aus, dass das Kind ihm nicht zulächelte, dass er den Gesang der Engel nicht hörte und den Glanz Marias nicht bewunderte! Was machte es aus, dass er nun nicht mit den anderen in Bethlehem durch die Straßen zog und von dem Wunder erzählte!

Was ihm widerfahren war, konnte er nicht mit Worten beschreiben. Staunend ging er davon. Er wollte das Feuer wieder anzünden, bevor die anderen Hirten zurückkamen. Doch als er eine Weile gegangen war, merkte er, dass er seine Krücken bei der Krippe vergessen hatte. Er wollte umkehren. Warum denn? Zögernd ging er weiter, dann mit immer festeren Schritten.

Max Bolliger

56. Das Flüstern im Herzen

Thema   Gott kennt viele Wege, Herzen zu bekehren

Vorlesedauer   ca. 4 Minuten

Hinführung   Es gab auch kritische Hirten, die selbst nach der Bot-
               schaft des Engels nicht bereit waren, nach Bethlehem zu
               gehen.

Der Engel des Herrn und die Scharen der Engel hatten den Himmel mit
Glanz erfüllt. Nun waren sie gegangen, und die Schafhirten und ihre
Schafe standen unter dem milden Sternenlicht. Die Hirten waren erschrocken und berührt von dem, was sie gesehen und gehört hatten,
und sie drängten sich zusammen, fast wie die Tiere ihrer Herden. »Lasst
uns nach Bethlehem gehen«, sprach der Älteste unter den Hirten, »wir
wollen die Dinge anschauen, die uns der Herr bekannt gemacht hat!«
Die Stadt Davids lag ein ganzes Stück entfernt vom Weideplatz. Alle
machten sich fertig, nur ein Hirt namens Amos machte keine Anstalten
mitzugehen. »Komm«, rief der älteste der Hirten, aber Amos schüttelte
nur den Kopf. Ein anderer sprach: »Amos, es war ein Engel! Du hast die
Botschaft gehört: ›Der Retter ist geboren!‹« Aber Amos sagte nur: »Ich
habe es gehört, aber ich möchte hierbleiben.« Da kam der älteste der
Hirten noch einmal zurück und versuchte, ihn zu bewegen: »Hast du
nicht verstanden? Es war ein Befehl! Wir sollen den Retter in Bethlehem
anbeten! Es ist Gottes Wille!«
»Es ist nicht in meinem Herzen«, antwortete Amos. Da wurde der Alte
zornig: »Mit deinen eigenen Augen hast du den Glanz des Herrn gesehen, und mit deinen Ohren hast du gehört, wie sie das ›Ehre sei Gott in
der Höhe‹ gesungen haben ...« Und ein anderer Hirt stimmte in die Vor-
würfe ein: »Weil die Berge weiterhin still stehen und der Himmel nicht
gleich auf die Erde fällt, genügt es dem Amos nicht. Er muss etwas haben, das lauter als die Stimme Gottes ist.«
Aber Amos hielt sich nur noch fester an seinen Hirtenstab und sprach:
»Ich bräuchte dazu ein Flüstern.«

Da lachten alle und sagten: »Was hast du für merkwürdige Stimmen im Ohr? Was sagt uns dein Gott, Amos? Du kleiner Hundertschafhirt!« Da fiel die Sanftmut von Amos ab, und er rief mit lauter Stimme: »Für meine hundert Schafe bin ich ein Retter. Schaut euch meine Herde an! Die Furcht vor dem Glanz der Engel und den Stimmen über ihr verwirrt sie noch. Gott ist in Bethlehem beschäftigt. Für die hundert Schafe hat er keine Zeit. Ich bleibe!«

Da gingen die Hirten nach Bethlehem. Amos aber dachte: »*Ein* Hirte weniger, das macht vor dem Thron Gottes nichts.«

Aber er hatte auch gar keine Zeit, um zu grübeln, denn es gab eine Menge zu tun: Die Schafe waren sehr unruhig. Darum ging Amos mitten unter sie und beruhigte sie, indem er mit der Zunge schnalzte und leise gurrte. Für seine hundert Schafe und für all die übrigen aus den anderen Herden klang das schöner und freundlicher als die Stimme des Engels. Da wurden sie ruhig.

Bald kam die Sonne hinter dem Hügel hervor, über dem der Stern gestanden hatte. Da kamen auch die anderen Hirten von der Krippe zurück und erzählten viele wunderbare Dinge. Als sie geendet hatten, fragten sie Amos: »Und welche Wunder hast du in dieser Nacht bei deinen hundert Schafen gesehen?«

»Nun«, sagte Amos, »jetzt sind es einhunderteins Schafe!« Und er zeigte ihnen ein Lamm, das gerade vor Sonnenaufgang geboren worden war.

»Gab es dafür eine Stimme aus dem Himmel?«, fragte der älteste der Hirten. Amos schüttelte den Kopf und lächelte. Dabei war etwas in seinem Blick, das den anderen noch einmal wie ein Wunder vorkam – in dieser heiligen Nacht der Wunder: »In meinem Herzen war ein Flüstern.«

Nach Heywood Broun

57. Tiere an der Krippe

Thema	Jeder hat seine besonderen Fähigkeiten
Vorlesedauer	ca. 2 Minuten
Alter	5–8 Jahre
Hinführung	Die Tiere überlegen, wie sie dem Kind in der Krippe eine Freude machen können.

In der Nacht, als der König der Welt geboren wurde, waren es außer Maria und Josef Tiere, die als Erste das Jesuskind sehen konnten. Genauer gesagt: Ochs und Esel, die friedlich im hinteren Teil des halb verfallenen Stalles ruhten, bekamen die Geburt hautnah mit. Und dann waren es Hunderte von Schafen, die mit ihren Hirten zum Kind in der Krippe eilten. Ihr vielzähliges Blöken ließ das Kind in den Armen seiner Mutter fröhlich lächeln.

Die Tiere sagten untereinander, dass sie ein solch schönes und strahlendes Menschenkind noch nie gesehen hatten, und sie überlegten, welche Freude sie ihm wohl machen könnten.

Der Ochs sagte: »Ich werde mich an den Eingang der Hütte stellen, dann kann kein schlechter Mensch und kein böses Tier hier hineinkommen.«

Der Esel sagte: »Ich werde jetzt nicht mehr so störrisch sein und die Mutter mit ihrem Kind auf meinem Rücken über das Gebirge tragen.«

Und die Schafe stritten sich fast, weil jedes von ihnen dem Kind seine Wolle schenken wollte, damit es etwas Warmes zum Anziehen habe.

Nur einer, der grauschwarze Schäferhund Selgra, wusste nicht, wie er das Kind erfreuen sollte, und er wurde ganz traurig.

Da kam eine Spitzmaus aus dem Stroh gelaufen und setzte sich neben Selgra. Sie hatte überhaupt keine Angst. »Ich weiß, was du tun kannst«, sagte sie, »du kannst doch so toll springen! Zeige dem Christuskind deine Künste!«

Der Hund schaute zuerst erstaunt, dann aber nickte er strahlend. Und er sprang hoch und weit und überschlug sich: Er sprang über die Krippe auf den Rücken des Esels, machte auf dem Nacken des Ochsen Männchen und war ganz aus dem Häuschen.

Ein glückliches Lächeln war im Gesicht des Christuskindes. Und auch Ochs und Esel, die Schafe, die Hirten und Maria und Josef klatschten begeistert Beifall. So waren alle zufrieden und freuten sich. Auch die Maus war froh, denn sie hatte Selgra etwas geschenkt, das dann alle fröhlich machte: ihren klugen Rat!

Hans Orths

58. Die Botschaft des Kindes

Thema   Der zweite Blick

Vorlesedauer ca. eine Minute

Hinführung Es ist nicht leicht, seine Berufung zu erkennen.

Auch einige Tiere hatten von der Geburt im Stall erfahren. Da beschlossen sie hinzugehen. Sie wollten sich das Kind in der Krippe ansehen; wollten auch wissen, ob für sie dabei etwas herauskäme – und fragten, ob sie etwas für das Kind tun könnten.

Nacheinander traten sie vor die Krippe: ein Esel, ein Hahn und ein Lamm.

Zu dem Esel sagte das Kind: »Hilf mir das Leid tragen.«

Zu dem Hahn sagte es: »Hilf mir die Liebe wecken.«

Und zu dem Lamm: »Hilf mir den Tod überwinden.«

Die Tiere traten neben den Stall und berieten sich. Sie waren enttäuscht. Das war nichts Genaues! Und viel zu ernst und erhaben: Leid tragen, Liebe wecken, Tod überwinden! Das passte gar nicht in ihr banales Leben! Nein – das war keine Botschaft!

Und weil sie nichts damit anfangen konnten, gingen sie fort und ließen es auf sich beruhen. Im Weggehen kam ihnen nicht in den Sinn, dass sie das alles längst taten. Denn was tut so ein armer Esel anderes als tragen,

nichts als tragen? Der Hahn weckt doch Tag für Tag! Und sanft und ohne
Aufschrei stirbt ein Lamm!

Nach Albert Höntges

59. Warum der Engel lachen musste

Thema	Tiere erleben auf besondere Weise die Weihnachtsge-schichte
Vorlesedauer	ca. 5 Minuten
Alter	ab Grundschule
Hinführung	Hast du schon einmal eine Maus mit Flügeln gesehen?

Die angekündigte Geburt des Christkinds bereitete den Engeln ziemli-
ches Kopfzerbrechen. Sie mussten nämlich bei ihren Planungen sehr
vorsichtig sein, damit die Menschen auf Erden nichts davon bemerkten.
Denn schließlich sollte das Kind gemäß der Schrift in aller Stille geboren
werden und nicht einen Betrieb um sich haben, wie er in Nazareth auf
dem Wochenmarkt herrschte.

Genau an dem für den Engelchor ausgewählten Platz hing ein Wespen-
nest. Das musste aus dem Stall ausquartiert werden. Denn wer weiß, ob
Wespen einsichtig genug sind, um das Wunder der Heiligen Nacht zu
begreifen? Die Fliegen, die sich Ochse und Esel zugesellt hatten, sollten
dem göttlichen Kind nicht um das Näslein summen oder es gar im
Schlafe stören.

Nein, kein Tier durften die Engel vergessen, das etwa in der hochheiligen Nacht Unannehmlichkeiten bereiten könnte.

Unter dem Fußboden im Stall wohnte eine kleine Maus. Fränzchen war
ein lustiges Mäuslein, das sich nicht so schnell aus der Ruhe bringen
ließ, höchstens wenn die Katze hinter ihm her war. Aber dann flüchtete
Fränzchen schnell in sein Mauseloch zurück. Im Herbst hatte er fleißig
Früchte und Körner gesammelt; jetzt schlief er in seinem gemütlichen
Nest. Das ist gut, dachte der verantwortliche Engel; wer schläft, sündigt
nicht, und er bezog die Maus nicht weiter in seine Überlegungen ein.

Nach getaner Arbeit kehrten die Boten Gottes zum Loben in den Himmel heim. Ein Engel blieb im Stall zurück. Er sollte der Mutter Maria in ihrer schweren Stunde beistehen. Damit aber keiner merken konnte, dass er ein Engel war, nahm er seine Flügel ab und legte sie sorgsam in eine Ecke des Stalles.

Als die Mutter Maria das Kind in ihrem Arm hielt, war sie sehr dankbar für die Hilfe des Engels. Denn kurz darauf kamen schon die Hirten, nachdem sie die frohe Botschaft gehört hatten, und der Hütehund Hans und die Schafe. Obwohl die Männer sich bemühten, leise zu sein, und auf Zehenspitzen gingen, klangen ihre Schritte doch hart, und der Bretterboden knarrte. War es da ein Wunder, dass Fränzchen in seinem Nest aufwachte? Er lugte zum Mauseloch hinaus und hörte die Stimme: »Ein Kind ist uns geboren ...«, konnte aber nichts sehen. Neugierig verließ er sein schützendes Nest, und schon war die Katze hinter ihm.

Schnell wollte Fränzchen in sein Mauseloch zurück, aber ein Hirte hatte inzwischen seinen Fuß darauf gestellt. »Heilige Nacht hin oder her«, sagte die Katze, »jetzt krieg ich dich!« Und damit ging die wilde Jagd los. Die Maus flitzte vor Schrecken von einer Ecke in die andere, sauste zwischen den Beinen der Hirten hindurch, huschte unter die Krippe – und die Katze immer hinterher: Zwischenzeitlich bellte der Hütehund Hans, und die Schafe blökten ängstlich. Irgendwo gackerte aufgeregt eine Henne. Die Hirten wussten nicht recht, was los war, denn eigentlich waren sie gekommen, um das Kind anzubeten.

Fränzchen befand sich in Todesangst. Er glaubte, seine letzte Sekunde sei schon gekommen, da flüchtete er in seiner Not unter die Engelsflügel. Im gleichen Moment fühlte er sich sachte hochgehoben und dem Zugriff der Katze entzogen.

Fränzchen wusste nicht, wie ihm geschah. Er schwebte bis unters Dachgebälk, dort hielt er sich fest. Außerdem hatte er jetzt einen weiten Blick auf das ganze Geschehen im Stall. Die Katze suchte noch ungläubig jeden Winkel ab, aber sonst hatte sich alles beruhigt.

Der Hütehund bewachte unruhig die Schafe. Die Hirten knieten vor der Krippe und brachten dem Christkind Geschenke. Alles Licht und alle Wärme gingen von diesem Kinde aus. Das Christkind lächelte der Maus zu, als wollte es sagen: »Gell, wir wissen schon, wen die Katze hier unten sucht.« Sonst hatte niemand etwas von diesem kleinen Abenteuer bemerkt. Außer dem Engel, der heimlich lachen musste, als er Fränzchen mit seinen Flügeln sah. Er kicherte und gluckste trotz der hochheiligen Stunde so sehr, dass sich der heilige Josef schon irritiert am Kopf kratzte. Es sah aber auch zu komisch aus, wie die kleine Maus mit den großen Flügeln in die Höhe schwebte. Die erstaunte Maus hing also oben im Dachgebälk in Sicherheit.

Und ihre Nachkommen erzählen sich noch heute in der Heiligen Nacht diese Geschichte. Haltet auch ihr ihnen die Speicher und Türme offen, damit sie eine Heimat finden wie damals im Stall von Bethlehem.

60. Der unerwartete Mitspieler

Thema	Einmal wird Friede sein unter allen Geschöpfen
Vorlesedauer	ca. 2 Minuten
Alter	ab Grundschule
Hinführung	Stell dir vor, mitten in ein Krippenspiel kommt ein Riesenhund hereinspaziert.

Als sich am Heiligabend die Spieler gerade um die Krippe aufgestellt hatten, um die Geburt des Gotteskindes bildhaft darzustellen, lief ein großer Bernhardinerhund mitten durch den Gang nach vorne und legte sich der Länge nach direkt vor der Krippe nieder. Die Spieler waren zu Tode erschrocken und wichen ängstlich etwas zurück. In den vorderen Bänken entstand Unruhe. Den Hund störte das überhaupt nicht; er schaute die Erschrockenen aus treuherzigen Hundeaugen an, schnaubte gemütlich, ließ seine Zunge weit heraushängen und sich nicht vertreiben.

Der Pfarrer, der das Spiel leitete, reagierte sofort und bezog den Hund gleich in das Spiel mit ein. Er sagte: »Bleibt bitte ganz ruhig! So wie Ochs und Esel zur Weihnachtsgeschichte gehören, hat sich dieser Riesenhund als Vertreter der ganzen Tierwelt eingefunden, um die Schöpfung anschaulich zu machen, die auch auf die Erlösung wartet. Übrigens – gehört jemandem von euch dieser Hund?« Niemand meldete sich, keiner kannte ihn. So fuhr der Pfarrer fort: »Freuen wir uns auf die Zeit, die später das Kind in der Krippe verheißen hat, wo der Kampf aller gegen alle vorbei ist, auch der Kampf der Tiere gegen den Menschen und die Ausbeutung der Tiere durch den Menschen.«

Beim nächsten Lied war alle Ängstlichkeit weggesungen, jeder sah seinen Nachbarn freundlich lächelnd an und spürte: So einträchtig mag es im Paradies sein: Friede und Freude; und kein Engel muss mehr singen: »Fürchtet euch nicht!«

Während des Schlussliedes erhob sich der Riese von Hund, streckte sich gemächlich aus, schaute die Spieler noch einmal der Reihe nach an, als müsse er sich von altbekannten Freunden verabschieden, und trabte dann den Gang zurück, um durch die Eingangstür, die einer eilfertig aufhielt, das Gotteshaus zu verlassen.

Niemand konnte sagen, wem der Hund gehörte. Auch die Nachfragen in den kommenden Tagen blieben ohne Erfolg. Bleibt die schöne Erinnerung an das Sinnbild des Paradieses, in dem einmal Gerechtigkeit und Friede unter der ganzen Schöpfung herrschen.

Verkürzt nach Erich Roth,

nach einer Begebenheit in der Stadtkirche zu O. im Jahre 1949

61. Weihnachtsfabel

Thema	Die zentrale Botschaft von Weihnachten
Vorlesedauer	ca. 2 Minuten
Hinführung	Ob die Menschen von Weihnachten mehr verstanden haben als die Tiere?

Die Tiere diskutierten einmal darüber, was an Weihnachten die Hauptsache sei.

»Na klar, Gänsebraten«, sagte der Fuchs. »Was wäre Weihnachten ohne Gänsebraten!?«

»Schnee«, sagte der Eisbär, »viel Schnee: Oh, weiße Weihnachten!«

»Und ein paar Kerzen«, heulte die Eule, »schön schummrig und gemütlich; Stimmung muss sein.«

»Aber so hell, dass man mein neues Kleid sehen kann«, sagte der Pfau,
»sonst ist für mich kein Weihnachten.«

»Und Schmuck!«, krächzte die Elster. »Zu Weihnachten kriege ich immer
was: einen Ring, ein Armband, eine Kette und Glitzerdinge. Das ist für
mich das Allerschönste zum Fest.«

»Na, aber bitte den Stollen nicht vergessen«, brummte der Bär, »der ist
doch die Hauptsache! Wenn es die süßen Sachen nicht gibt, verzichte
ich auf Weihnachten.«

»Mach's wie ich«, sagte der Dachs, »schlafen, schlafen, das ist das Wahre.
Weihnachten heißt für mich: Mal richtig ausschlafen.«

»Und saufen«, ergänzte der Ochse, »jede Menge Glühwein saufen.«

Aber dann schrie er: »Aua!«, denn der Esel hatte ihm einen gewaltigen
Tritt versetzt.

»Ochs, du spinnst! Das Kind in der Krippe ist das Wichtigste an Weihnachten! Hast du das vergessen?«

Da senkte der Ochse beschämt den Kopf: »Ob die Menschen das auch
wissen?«

62. Ein Riss in der Mauer

Thema	Jesus kam besonders zu den Ausgegrenzten
Vorlesedauer	ca. 3½ Minuten
Hinführung	Wie ein kleiner streunender Hund in den Stall von Beth-
lehem kam.

Er war den Hirten, die in der Nähe Bethlehems ihre Schafe hüteten, eines Tages zugelaufen, ein struppiger Hund, ein Köter nur.

Weil dieser Hund als Wächter für die Herde nichts zu taugen schien,
jagten sie ihn davon, warfen Steine nach ihm. Doch er kam immer wieder. Die Männer wussten nicht, dass einer von ihnen, ein Trinker und

Possenreißer, dem Hund hin und wieder einen Bissen Brot oder ein Stück Käse zuschob, sich nicht davor scheute, ihn auch zu streicheln.

So kam es, dass in jener Nacht der Engel des Herrn nicht nur den Hirten auf dem Felde, sondern auch einem Hund erschien. Auch er sah, wie der Himmel sich öffnete und ein lichtes Wesen eine Botschaft verkündete. Verstehen konnte er sie nicht. Doch wie die Hirten fürchtete er sich sehr.

Als der Engel, begleitet von himmlischen Heerscharen, wieder zum Himmel auffuhr und es dunkel wurde wie zuvor, beobachtete der Hund, wie die Hirten aufgeregt nach Fellen suchten, Wolle bündelten, ihre Taschen mit Brot und Käse füllten und sich der Jüngste unter ihnen ein neugeborenes Lamm um die Schultern legte. »Und nun lasst uns, so schnell uns unsere Füße tragen, nach Bethlehem laufen«, sagten sie.

Auch diese Worte verstand er nicht. Doch neugierig, wie Hunde sind, folgte er ihnen und niemand vermochte ihn zurückzuhalten, auch nicht der Trinker und Possenreißer, der allein am Feuer sitzen blieb.

Zugleich mit den Hirten kam auch der Hund zu einem elenden Stall. Aus seinem Versteck hinter einem Olivenbaum sah er sie vor einer Futterkrippe knien, sah eine Frau und einen Mann und über dem Stall am Himmel einen Stern, leuchtend und schön.

Er schlich sich näher, umkreiste den Stall, bis ihm auf seiner Rückseite ein Riss in der Mauer den Blick ins Innere gewährte. Nun sah er die Gesichter der Hirten, in Andacht versunken, und entdeckte das Kind auf Heu und auf Stroh. Und dieses Kind streckte ihm, unsichtbar für alle anderen, die Ärmchen entgegen, ihm ganz allein, dem struppigen Hund, einem Köter nur.

Durch den Riss in der Mauer entdeckte er Ochs und Esel, erlebte die Ankunft der drei Könige; erlebte, wie die Frau das Kind auf die Arme nahm, um es in den Schlaf zu wiegen.

Erst als der Morgen dämmerte, die Hirten sich längst auf dem Heimweg befanden, die drei Könige weitergezogen waren und auch der Mann und die Frau mit dem Kind die Flucht ergriffen hatten, um es vor Herodes zu schützen, erst jetzt wagte er sich aus seinem Versteck hervor.

Doch als er in den Stall kam, war er nicht allein. Vor der leeren Krippe stand der Trinker und Possenreißer. »Dich habe ich gesucht«, lachte er. Begleitet von einem Duft aus Weihrauch und Myrrhe kehrten sie aufs Feld zurück, wo sie jubelnd empfangen wurden, wo die Hirten sie beide in ihre Mitte nahmen, den Trinker und Possenreißer zusammen mit dem struppigen Hund, einem Köter nur.

War ein Wunder geschehen?

Max Bolliger

Schenken beschenkt einen selbst

. . . .

63. Die Sterntaler

Thema	Wer gibt, empfängt
Vorlesedauer	ca. 2 Minuten
Alter	ab 4 Jahre
Hinführung	Ein Mädchen zeigt, was Liebe vermag.

Es war einmal ein kleines Mädchen, dem waren Vater und Mutter gestorben, und es war so arm, dass es kein Zimmer mehr hatte, darin zu wohnen, und kein Bett mehr, darin zu schlafen, und endlich gar nichts mehr als die Kleider auf dem Leib und ein Stück Brot in der Hand, das ihm ein mitleidiger Mensch geschenkt hatte. Es war aber gut und fromm. Und weil es von aller Welt verlassen war, ging es im Vertrauen auf Gott hinaus.

Da begegnete ihm ein armer Mann, der sprach: »Ach, gib mir etwas zu essen, ich bin so hungrig.« Das Mädchen reichte ihm das ganze Stück Brot und sagte: »Gott segne dir's«, und ging weiter.

Da kam ein Kind, das jammerte und sprach: »Es friert mich so an meinem Kopfe, schenk mir etwas, womit ich ihn bedecken kann.« Da nahm das Mädchen seine Mütze ab und gab sie ihm.

Und als das Mädchen noch eine Weile gegangen war, kam wieder ein Kind und hatte keinen Pullover an und fror: Da gab es ihm seinen; und noch weiter, da bat ein Kind um einen Rock, den gab es auch von sich hin.

Endlich gelangte das Mädchen in einen Wald; und es war schon dunkel geworden. Da kam noch ein Kind und bat um ein Hemd, und das Mädchen dachte: Es ist dunkle Nacht, da sieht dich niemand, du kannst wohl dein Hemd weggeben, und zog das Hemd ab und gab es auch noch hin.

Und wie das Mädchen so stand und gar nichts mehr hatte, fielen auf einmal die Sterne vom Himmel und waren lauter silberne harte Taler:

Und ob das Mädchen gleich sein Hemd weggegeben hatte, so hatte es ein neues an, und das war vom allerfeinsten Linnen. Da sammelte es die Taler hinein und war reich für sein Lebtag.

Brüder Grimm

64. Schuster Konrad

Thema	Wer gibt, empfängt
Vorlesedauer	ca. 3½ Minuten
Alter	ab 5 Jahre
Hinführung	Was tun, wenn Gott zu uns kommen möchte?

An diesem Morgen war Konrad, der Schuster, schon sehr früh aufgestanden, hatte seine Werkstatt aufgeräumt, den Ofen angezündet und den Tisch gedeckt. Heute wollte er nicht arbeiten. Heute erwartete er einen Gast. Den höchsten Gast, den ihr euch nur denken könnt. Er erwartete Gott selber. Denn in der vorigen Nacht hatte Gott ihn im Traum wissen lassen: Morgen werde ich zu dir als Gast kommen. Nun saß Konrad also in der warmen Stube am Tisch und wartete, und sein Herz war voller Freude. Da hörte er draußen Schritte, und schon klopfte es an der Tür.

»Da ist er«, dachte Konrad, sprang auf und riss die Tür auf. Aber es war nur der Briefträger, der von der Kälte ganz rot und blau gefrorene Finger hatte und sehnsüchtig nach dem heißen Tee auf dem Ofen schielte. Konrad ließ ihn herein, bewirtete ihn mit einer Tasse Tee und ließ ihn sich aufwärmen. »Danke«, sagte der Briefträger, »das hat gutgetan.« Und er stapfte wieder in die Kälte hinaus.

Sobald er das Haus verlassen hatte, räumte Konrad schnell die Tassen ab und stellte saubere auf den Tisch. Dann setzte er sich ans Fenster, um seinem Gast entgegenzusehen. Er würde sicher bald kommen.

Es wurde Mittag, aber von Gott war nichts zu sehen.

Plötzlich erblickte er einen kleinen Jungen, und als er genauer hinsah, bemerkte er, dass dem Kleinen die Tränen über die Wangen liefen. Konrad rief ihn zu sich und erfuhr, dass er seine Mutter im Gedränge der Stadt verloren hatte und nun nicht mehr nach Hause finden konnte. Konrad legte einen Zettel auf den Tisch, auf den er schrieb: Bitte, warte auf mich. Ich bin gleich zurück! Er ließ seine Tür unverschlossen, nahm den Jungen an der Hand und brachte ihn nach Hause.

Aber der Weg war weiter gewesen, als er gedacht hatte, und so kam er erst heim, als es schon dunkelte. Er erschrak fast, als er sah, dass jemand in seinem Zimmer am Fenster stand. Aber dann tat sein Herz einen Sprung vor Freude. Nun war Gott doch zu ihm gekommen.

Im nächsten Augenblick erkannte er die Frau, die oben bei ihm im gleichen Hause wohnte. Sie sah müde und traurig aus. Und er erfuhr, dass sie drei Nächte lang nicht mehr geschlafen hatte, weil ihr kleiner Sohn Petja so krank ist, dass sie sich keinen Rat mehr wusste. Er lag so still da, und das Fieber stieg, und er erkannte die Mutter nicht mehr. Die Frau tat Konrad leid. Sie war ganz allein mit dem Jungen, seit ihr Mann verunglückt war.

Und so ging er mit. Gemeinsam wickelten sie Petja in feuchte Tücher. Konrad saß am Bett des kranken Kindes, während die Frau ein wenig ruhte.

Als er endlich wieder in seine Stube zurückkehrte, war es weit nach Mitternacht. Müde und über alle Maßen enttäuscht legte sich Konrad schlafen. Der Tag war vorüber. Gott war nicht gekommen.

Plötzlich hörte er eine Stimme. Es war Gottes Stimme. »Danke«, sagte die Stimme, »danke, dass ich mich bei dir aufwärmen durfte – danke, dass du mir den Weg nach Hause zeigtest – danke für deinen Trost und deine Hilfe – ich danke dir, Konrad, dass ich heute dein Gast sein durfte.«

Nach einer russischen Legende

(Vergleiche Nr. 4)

65. Die vergessene Krippe

Thema	Das Geschenk Gottes
Vorlesedauer	ca. 3 ½ Minuten
Alter	Grundschule
Hinführung	Sind die Geschenke an Weihnachten für dich das Wichtigste?

»Was soll ich nur für Oma machen?«, liegt Leon der Mutter in den Ohren. Er will Oma etwas zu Weihnachten schenken. Er mag die Oma, und sie wird bestimmt einen seiner Wünsche erfüllen. Aber worüber freut sie sich? Sie hat keinen Wunschzettel geschrieben, sondern gesagt: »Ich hab ja alles, was ich brauche.«

Die Mutter rät: »Mal der Oma doch einfach ein Weihnachtsbild, richtig groß, zum Aufhängen.«

Leon macht sich an die Arbeit. Ein riesiger Weihnachtsbaum mit vielen Lichtern, Sternen und Glaskugeln entsteht. Darunter jede Menge bunt verpackter Schachteln, große und kleine. Schließlich malt er an die Seite noch ein Stück Bahngleis. Sein Hauptwunsch ist eine Eisenbahn. Leon zeigt der Mutter sein Werk. »Prima hast du das gemacht. Man merkt richtig, wie wichtig dir die Geschenke an Weihnachten sind.« Die Mutter sagt das so, dass Leon spürt: Irgendetwas vermisst die Mutter auf seinem Bild. »Fehlt etwas?«, fragt er deshalb. Die Mutter nickt. Da fällt es Leon ein. Die Krippe fehlt. Sie steht jedes Jahr unter dem Christbaum. Das Jesuskind mit Maria und Josef, dazu ein paar Hirten und die drei Weisen mit ihren Geschenken. Leon weiß: An Weihnachten feiert man den Geburtstag von Jesus. Seine Geburt ist das Wichtigste an Weihnachten. Wie konnte er das vergessen?

Leon kommt ins Nachdenken. Wenn er zu einem Geburtstag eingeladen ist, bringt er allemal dem Geburtstagskind ein Geschenk. Aber an Weihnachten bekommen *wir* Geschenke, sogar noch mehr als an unserem Geburtstag.

Er fragt die Mutter. Sie stimmt zu: »Ja, das ist schon merkwürdig. Ich erkläre mir das so: Gott hat uns Menschen Jesus geschenkt und uns damit eine große Freude gemacht. Nun möchten auch wir einander Freude bereiten. Darum die Geschenke.«

Zögernd fügt die Mutter hinzu: »Vielleicht ist das nicht genug? Vielleicht sollten auch wir dem Geburtstagskind etwas schenken, so wie es die Weisen und die Hirten getan haben?« Leon schaut die Mutter fragend an. Jesus etwas schenken? Wie soll das zugehen?

Auch die Mutter überlegt. Ein Lied über die Könige aus dem Morgenland fällt ihr ein. Darin heißt es am Schluss: »Schenk ihm dein Herz, dem Knaben hold!« Doch wie soll sie das Leon erklären? Schließlich sagt sie: »Ich denke, das Beste, was wir Jesus geben können, ist, dass wir ihn als Gottes Geschenk annehmen und auf ihn hören.«

Was soll Leon jetzt mit seinem Bild machen? Noch einmal neu anfangen? Die Mutter hat eine Idee: »Mal einfach auf ein Extrablatt eine Krippe mit dem Jesuskind und den Figuren drum herum. Dann schneidest du alle einzeln aus und klebst sie in deinem Bild auf die Schachteln unter dem Weihnachtsbaum.«

Als Leon an Weihnachten der Oma sein Bild überreicht, ist sie begeistert: »Das ist ein herrliches Bild. Toll, wie du das gemacht hast: Gottes Geschenk und unsere Geschenke.«

Hans Villinger

66. Was der kleine Tim einen Tag vor Weihnachten denkt

Thema	Die selbstgemachte Krippe
Vorlesedauer	ca. 4 Minuten
Alter	ab 5 Jahre
Hinführung	Beim Basteln von Weihnachtsgeschenken kann auch schon mal was schiefgehen.

Sei nicht böse auf mich, Christian, dass ich dir die volle Streichholzschachtel geklaut hab. Ja, es stimmt, ich hab ein Streichholz nach dem anderen heimlich im Keller abgebrannt, weil unsere Lehrerin gesagt hat, dazu kann man abgebrannte Streichhölzer verwenden. Aber ich hatte ja keine abgebrannten Streichhölzer, verstehst du?

Sei nicht böse auf mich, Vati, dass ich heimlich die Uhu-Tube aus deinem Schreibtisch geholt hab. Du hast so geschimpft, dass sie jetzt leer ist. Aber unsere Lehrerin hat gesagt, die Streichhölzer muss man mit Uhu zusammenkleben, sonst halten die Wände nicht.

Mein Taschengeld ist schon alle, und ich bekomme keins mehr vor Weihnachten. Sonst hätte ich mir eine Tube gekauft.

Sei nicht böse auf mich, Mutti, dass ich dir den Fußboden bekleckert hab. Ich hab's nicht mit Absicht getan, wirklich nicht. Aber ihr erlaubt mir ja nicht, dass ich mich in meinem Zimmer einschließe. Ihr habt mir den Schlüssel weggenommen. Und da bist du plötzlich reingekommen, als ich das Dach zusammengeklebt hab. Ich hab schnell ein Poster drübergeworfen, aber vor Schreck hab ich auf die Uhu-Tube gedrückt, die ich gerade in der Hand hielt, und da ist Uhu auf den Fußboden getropft.

Sei nicht böse auf mich, Omi, dass ich dir zwei Scheiben Brot stibitzt hab. Unsere Lehrerin hat gesagt, wir sollen die Figuren aus Knete formen, und wenn wir keine Knete hätten, sollten wir das Weiche von frischem Brot nehmen. Hätte ich dich vorher gefragt, hättest du ganz bestimmt wissen wollen, wozu ich das Brot brauche.

Es sollte doch ein Geheimnis sein.

Sei nicht böse auf mich, Bettina, dass ich mir heimlich deine Filzstifte ausgeborgt hab. Du hättest es mir nicht erlaubt, denn du sagst immer: »Tim, für dein Geschmier sind mir meine Filzer zu schade.« Aber meine eigenen Stifte sind leer, es kommt keine Farbe mehr aus dem Filz, nicht mal mit Spucke. Und die Figuren sollten doch schön werden, weil es keine gewöhnlichen sind, sondern heilige.

Sei nicht böse auf mich, Opa, dass ich dir einen Zipfel von deinem Bart abgeschnitten hab, als du dein Nickerchen gemacht hast. Keiner in unserer Familie hat so krauses Haar wie du, und ich hab von allen das glatteste, sonst hätte ich mein eigenes genommen. Aber glattes Haar geht nicht. Ich hab den Schraubdeckel von einer Sprudelflasche mit deinen Locken schön ausgepolstert für das Kind. Wolle wäre viel zu grob gewesen. Jetzt ist sie fertig, Gott sei Dank.

Sei nicht böse auf mich, Mutti, dass ich sie in der feinen alte Vase versteckt hab, die in der Vitrine im guten Zimmer steht – auch wenn du mir
verboten hast, an die Vitrine zu gehen. In meinem Zimmer konnte ich
sie nicht verstecken, weil du so oft mein Pult und meinen Schrank auf-
machst, um zu sehen, ob ich Ordnung halte.

Ach, wenn ihr alle morgen Abend sehen werdet, was ich euch zu Weihnachten gebastelt hab, werdet ihr überrascht rufen: »Was für eine winzig kleine, wunderschöne Krippe!« Und ihr werdet mich sehr lieb haben.

Gudrun Pausewang

67. Ein Geschenk für das Baby

Thema	Was ein Baby besonders braucht
Vorlesedauer	ca. 8 Minuten
Alter	ab Grundschule
Hinführung	Was kann ich meiner Schwester zur Geburt schenken?, fragt sich Simon.

Simon ist sechs Jahre alt. Im nächsten Sommer kommt er in die Schule.
Simons Mutter Doris ist schwanger. Ihr Bauch ist schon ganz schön
groß, findet Simon. Mama hat erzählt, dass Simon eine kleine Schwester
bekommt. Simon ist schon sehr gespannt. Heute ist der erste Dezember
und am 24. Dezember soll seine Schwester geboren werden. Mama sagt,
sie wird somit wohl ein echtes Weihnachtsbaby. Simons Schwester soll
Marijana heißen, da steckt das Wort Maria drin, wie die Mutter von
Jesus hieß. Simon findet es gut, dass er eine kleine Schwester bekommt,
obwohl sie dann bestimmt viel mit Puppen spielt. Puppen findet Simon
langweilig. Simon überlegt, ob Babys auch schon mit Puppen spielen. Im
Kindergarten fragt er seinen Freund Lukas, der hat im Sommer eine
kleine Schwester bekommen. Lukas sagt: »Neee. Babys liegen nur so
rum, schreien und trinken an der Brust.« Simon überlegt: »Was kann er
dann bloß seiner Schwester schenken?« Er möchte ihr zur Geburt so
gerne ein ganz besonderes Geschenk machen.

Im Kindergarten haben sie im letzten Jahr über Jesu Geburt gesprochen. Simon erinnert sich, dass auch Jesus zur Geburt Geschenke bekommen hat. »Was war das noch gleich?« Simon überlegt: »Gold« fällt ihm da ein. Doch bei den beiden anderen Geschenken muss er noch einmal seine Erzieherin fragen.

Die weiß die Antwort sofort: »Weihrauch und Myrrhe, das sind wertvolle Baumharze, aus denen Räuchermittel gemacht werden.« Komische Geschenke für ein Baby, findet Simon.

»Wer hat dem Jesuskind die Geschenke denn gebracht?«, fragt ihn seine Erzieherin. »Die Heiligen Drei Könige«, das weiß Simon noch genau.

»Richtig«, sagt die Erzieherin, »damals waren das wertvolle Geschenke. Die Heiligen Drei Könige wollten mit ihren Geschenken zeigen, dass Jesus ein besonderer König war, nämlich der Heiland der Welt, ein König für alle Menschen.«

Simon überlegt weiter und fragt dann seine Erzieherin: »Was brauchen denn eigentlich Babys, wenn die geboren werden?«

Die Erzieherin findet, dass das eine gute Frage ist, und gibt sie an alle Kinder im Stuhlkreis weiter. Der große Bruder Lukas meldet sich als Erster: »Babys brauchen eine warme Decke, damit sie nicht frieren. Wir haben eine Wärmelampe über dem Wickeltisch, die ist auch gut.« Tatjana meldet sich ebenfalls: »Babys brauchen Milch aus der Flasche oder vom Busen der Mama.«

Sina sagt: »Genau, und Windeln, sonst wird ja alles nass und geht in die Hose.«

»Babys brauchen auch einen Schnuller und Musik zum Einschlafen«, weiß Pia.

»Gut«, sagt die Erzieherin, »ihr wisst ja schon eine ganze Menge über das, was ein Baby alles benötigt. Hat Jesus das denn auch gebraucht? Lasst uns mal überlegen: Eine warme Decke zum Einschlafen hatte Jesus bestimmt auch, oder das wärmende Stroh aus der Krippe. Milch aus der Brust von Maria bestimmt auch, denn Babys brauchen wie jeder Mensch Nahrung. Jesus wurde bestimmt auch mit Tüchern gewickelt, wie heute die Babys mit Windeln, aber die gab es damals ja noch nicht. Einen

Schnuller braucht nicht unbedingt jedes Baby. Und die Musik kam bestimmt auch nicht wie heute aus einer Spieluhr, sondern Maria und Josef haben Jesus bestimmt ein Schlaflied gesungen. Aber eine Sache, die jedes Kind überall auf der Welt benötigt, die habt ihr noch nicht aufgezählt, und die ist hier drin.« Die Erzieherin holt ein kleines Kästchen hervor.

»Darf ich das Kästchen aufmachen?«, fragt Simon sofort.

»Ja, ist gut«, sagt die Erzieherin, »aber ganz vorsichtig!«

Alle schauen ganz gespannt auf das Kästchen. Im Inneren liegt ein Zettel.

»Einen Zettel braucht doch kein Kind!«, ruft Lukas etwas enttäuscht über den Inhalt des Kästchens.

Die Erzieherin sagt: »Auf dem Zettel steht etwas drauf, ich lese euch das mal vor, und vielleicht wisst ihr dann, was jedes Baby noch ganz dringend benötigt:

Ein Schatzkästchen für dich allein,

drum gib was ganz Besondres hinein.

Gern würd' ich selbst mich drin verstecken,

als das Besondere dich necken.

Doch ist das Kästchen wohl zu klein,

es passt nur noch ein Kuss hinein.

Und auch ein Gruß zur Weihnachtszeit,

der soll euch sagen, macht euch bereit.

Denn bald schon ist die Heilige Nacht,

in der Jesus sich selbst als Schatz gebracht.

Für Jesus ist kein Herz zu klein,

und selbst in dein Kästchen passt er hinein.«

Die Kinder schauen die Erzieherin mit großen Augen fragend an. Dann sagt Simon: »Ein Baby braucht einen Kuss.«

»Ja«, sagt die Erzieherin, »alle Babys brauchen Küsse und Streicheleinheiten, also ganz viel Liebe, von ihren Eltern, Geschwistern und Großeltern. Die Liebe gibt ihnen Kraft, um zu wachsen. Und auch Jesus hat uns ganz viel Liebe geschenkt, als er geboren wurde, und tut es auch heute noch, wenn wir an ihn denken. – So, Simon, jetzt weißt du also, was Babys alles brauchen.«

Simon schaut zufrieden und fragt: »Darf ich meiner Schwester zur Geburt auch so ein Kästchen basteln?«

»Natürlich«, sagt die Erzieherin, »und dein Kästchen ist dann nicht nur mit ganz viel Liebe gebastelt, sondern es steckt auch ganz viel Liebe drin.«

Swana Seggewiß

68. Die Goldschachtel voller Küsse

Thema	Vom Wert eines Geschenkes
Vorlesedauer	ca. eine Minute
Alter	ab Grundschule
Hinführung	Welches Geschenk könnte einen Vater zum Weinen bringen?

Geheimnisvoll bastelte das fünfjährige Töchterchen in den Tagen vor Weihnachten an einer Schachtel, um sie mit Goldpapier zu verzieren. Als alles nicht so recht klappen wollte und es schon eine Rolle des teuren Goldpapiers verbraucht hatte, wurde der Vater ärgerlich: »Kind, das Geld ist knapp. Wir müssen jeden Euro umdrehen!«

Dennoch brachte das kleine Mädchen an Heiligabend die goldene Geschenkschachtel zum Vater und sagte glücklich lächelnd: »Das hat das Christkind dir gebracht!«

Dem Vater tat es leid, ungehalten gewesen zu sein. Er öffnete vorsichtig die Geschenkschachtel und wurde wieder zornig: Die Schachtel war leer! Aufgebracht sagte er zur Tochter: »Weißt du nicht, kleine Dame, dass man in eine Geschenkschachtel auch etwas hineinlegt, um Freude zu machen?«

Da schaute das kleine Mädchen den Vater mit Tränen in den Augen an und sagte: »Papa, sie ist nicht leer! Ich habe so viele Küsse hineingegeben, bis sie ganz voll war!«

69. Mit Geschenken unsere Liebe zeigen

Thema	Vom Wert eines Geschenkes
Vorlesedauer	ca. 1½ Minuten
Alter	ab Grundschulalter
Hinführung	Manche Weihnachtsgeschenke begleiten uns ein Leben lang. Eine Lehrerin erhält von einem Schüler solch ein wertvolles Geschenk.

Auf einer Südsee-Insel lauschte ein Schüler aufmerksam seiner Lehrerin, die gerade erklärte: »Die Geschenke an Weihnachten sollten uns an die Liebe Gottes erinnern, der seinen Sohn zu uns gesandt hat. Der Gottessohn ist das größte Geschenk. Mit unseren Geschenken zeigen wir einander, dass wir uns lieben und in Frieden miteinander leben wollen.«

Am letzten Schultag vor Weihnachten schenkte der Junge seiner Lehrerin eine Muschel. Nie zuvor hatte sie etwas Schöneres gesehen, das vom Meer angespült worden war.

»Wo hast du denn diese wunderschöne Muschel gefunden?«, fragte sie ihren Schüler.

Der Junge erklärte, dass es nur eine Stelle auf der anderen Seite der Insel gäbe, an der man gelegentlich eine solche Muschel finden könne. Etwa zwanzig Kilometer entfernt sei eine kleine, versteckte Bucht; dort würden manchmal Muscheln dieser Art angespült.

»Sie ist einfach zauberhaft«, sagte die Lehrerin. »Ich werde sie mein Leben lang bewahren und sie wird mich immer an dich erinnern. Aber du sollst nicht so weit laufen, nur um mir ein Geschenk zu machen.«

»Aber«, erwiderte der Junge mit leuchtenden Augen, »der lange Weg ist ein Teil des Geschenks.«

70. Ich habe einen Stern gesehen

Thema	Die Not des anderen wahrnehmen
Vorlesedauer	ca. 2 ½ Minuten
Alter	ab Grundschule
Hinführung	Als ein Junge sein Einkaufsgeld nicht findet, macht eine Frau ihrem Namen alle Ehre.

Es war einmal eine Putzfrau, eine Ausländerin. Sie redete nicht viel. Aber sie war pünktlich und fleißig. Sie putzte in einem Supermarkt. Jeden Abend kam sie kurz vor Geschäftsschluss, holte sich Eimer, Schrubber und Wasser und begann mit ihrer Arbeit.

Einmal kam ganz spät noch ein kleiner Junge in den Supermarkt und kaufte fürs Abendbrot ein. Doch als die Verkäuferin an der Kasse alle Waren eingetippt hatte, fand der Junge das Geld nicht, das seine Mutter ihm mitgegeben hatte. Aufgeregt wühlte er in allen Taschen. Die Verkäuferin sah ihm zu und fragte misstrauisch: »Hast du kein Geld?« Der Junge schüttelte den Kopf. Da holte die Verkäuferin den Geschäftsführer.

»Wenn du nicht bezahlen kannst, musst du die Sachen hierlassen«, sagte der und schaute den Jungen streng an.

»Aber ich habe das Geld bestimmt gehabt«, beteuerte der Junge.

»Das kann jeder sagen«, erwiderte der Geschäftsführer.

Der Junge fing wieder an, in allen Taschen zu suchen. Aber das Geld kam nicht zum Vorschein.

»Kann ich das Geld vielleicht morgen …?«, fragte er.

»Nichts da! Ohne Geld keine Ware!«, beschied der Geschäftsführer.

Da trat auf einmal zwischen den Regalen die Putzfrau hervor. Sie hatte dort gestanden und zugehört.

»Was kostet?«, fragte sie. Verblüfft sah der Geschäftsführer sie an.

»Sieben Euro dreißig«, sagte die Verkäuferin.

Die Putzfrau kramte in ihrer Kitteltasche, fingerte einen Fünfeuroschein heraus, zwei Eurostücke, drei 10-Cent-Stücke und legte die Münzen auf das Warenband. »Hier!«, sagte sie. »Stimmt so?«

»Aber …«, stotterte die Verkäuferin.

Der Geschäftsführer strich das Geld ein und sortierte es in die Kasse. Er gab dem Jungen die Einkaufstüte. Der strahlte und rannte los. »Danke«, rief er der Putzfrau zu. »Vielen Dank!«

»Schon gut«, antwortete die Putzfrau.

Sie hieß Yildiz. Das ist türkisch. Auf Deutsch heißt es »Stern«.

Annegret Fuchshuber

Ein Stern ist aufgegangen

. . . .

71. Der winzig kleine Stern

Thema	Wenn alle ein wenig abgeben, kann Großes entstehen
Vorlesedauer	ca. 5 Minuten
Alter	ab 5 Jahre
Hinführung	Wie mag wohl aus einem winzig kleinen Stern ein großer, in allen Regenbogenfarben leuchtender Stern werden?

Damals, zur Zeit als Jesus geboren werden sollte, lebte im hintersten Himmelswinkel ein winzig kleiner, weißer Stern. Wie alle anderen Sterne freute er sich, und so wie ihr konnte er Weihnachten kaum mehr erwarten.

Eigentlich, so dachte er bei sich, könnte ich mich ja auf den Weg nach Bethlehem machen und über dem Stall leuchten. Dann wird sich das Kind freuen, und alle Menschen nah und fern werden sehen, dass etwas Besonderes geschehen ist. Aber … ich bin ja so klein, weit kann ich allein nicht leuchten …, ich muss noch andere Sterne mitnehmen. Und so machte sich der winzig kleine, weiße Stern auf den langen Weg nach Bethlehem.

Unterwegs traf er einen wunderschön leuchtenden, großen, roten Stern. Dem erzählte er, was er vorhatte, und bat ihn, mitzukommen. »Gerne würde ich dich begleiten«, erwiderte der große, rote Stern, »aber ich kann meinen Platz hier nicht verlassen. Du weißt, auf der Erde gibt es riesige Wüsten ohne Straßen und Wege. Alles sieht dort gleich aus. Tagsüber zeigt die Sonne den Menschen den Weg, nachts leuchte ich ihnen zur nächsten Oase. Wenn ich meinen Platz verlasse, verirren sie sich. Aber warte, ich werde dir etwas für das Kind mitgeben.« Der große Stern rüttelte und schüttelte sich, und ein roter Strahlenregen ergoss sich über den winzig kleinen, weißen Stern, der dadurch schon größer und rötlich funkelnd geworden war. »Vielen Dank«, sagte dieser, »ich will dein Geschenk gerne zum Kind nach Bethlehem bringen.« Und so zog der kleine, rotfunkelnde Stern weiter.

Nach einiger Zeit traf er einen großen, wunderschön gelb leuchtenden Stern. »Komm mit mir nach Bethlehem«, sagte der kleine, »wir wollen zusammen über dem Stall leuchten.«

»Ja«, antwortete der große, gelbe Stern, »gerne würde ich mit dir ziehen, aber ich darf meinen Platz hier nicht verlassen. Die Zugvögel, die aus den kalten Ländern, wo jetzt Winter ist, in den warmen Süden fliegen, richten sich nach meinem Schein. Verlasse ich meinen Platz, müssen sie erfrieren. Aber warte, ich werde dir etwas für das Kind mitgeben.« Und er rüttelte und schüttelte sich, und ein goldener Strahlenregen ergoss sich über den kleinen Stern, der wieder um etwas größer wurde und nicht mehr nur rötlich, sondern rötlich-gelb funkelte.

Und so zog er weiter, bis er einen riesigen, blauen Stern traf und diesen, wie die beiden anderen auch, bat, ihn zu begleiten. Doch auch der blaue Stern durfte seinen Platz nicht verlassen, denn er leuchtete allen See-leuten auf den Meeren. Aber auch er gab dem kleinen Stern als Ge-schenk für das Kind in der Krippe viele von seinen wunderschönen blauen Strahlen mit.

Unser winzig kleiner, weißer Stern war nun durch die Geschenke der drei anderen zu einem großen, in allen Regenbogenfarben leuchtenden Stern geworden. Lang war sein Weg, aber endlich kam er in Bethlehem an. Er fand den Stall mit dem Kind. Voller Freude schüttelte und rüttelte er sich, so dass die roten, gelben und blauen Strahlen der großen Sterne nur so funkelten und sprühten. Der armselige Stall leuchtete in diesem himmlischen Sternenlicht in sämtlichen Regenbogenfarben und war schöner als alle Königspaläste der Welt. Das Kind aber lachte vor Freude, und von nah und fern eilten die Menschen herbei, um zu sehen, was geschehen war.

Als der Stern alle geschenkten Strahlen versprüht hatte, dachte er bei sich: »Nun bin ich zwar wieder winzig klein und weiß, aber das Kind hat sich gefreut, und die Menschen haben gespürt, dass etwas ganz Einma-liges geschehen ist.«

Als er aber an sich heruntersah, merkte er, dass er zwar wieder weiß, doch nicht mehr winzig klein war, sondern so groß wie der rote, gelbe und blaue Stern, und außerdem hatte er einen prächtigen Schweif bekommen.

Ob das wohl ein Geschenk des Kindes in der Krippe war?

Ursula Möltner

72. Die vergessenen Heiligen Drei Könige

Thema	Drei besondere Könige springen beim Krippenspiel ein
Vorlesedauer	ca. 6 Minuten
Alter	ab Grundschule
Hinführung	Vor dem Kind in der Krippe darf ich auch die Scherben des Lebens ablegen.

In dem sonst so ruhigen Dorf herrschte große Aufregung. Nein, nichts Außergewöhnliches war passiert, kein Unglücksfall, keine Familientragödie, nichts. Und doch war da etwas Besonderes geschehen. Lasst mich erzählen:

In diesem Dorf gab es eine lange Tradition: Jedes Jahr zur Weihnachtszeit wurde im großen Saal des Gasthofes »Bären« ein Krippenspiel aufgeführt. Es war einer der Höhepunkte vor Ort! Immer wieder traten Persönlichkeiten des Dorfes auf: Die Schwester des Pastors übernahm die Rolle der Maria, der Apotheker die des Josef, der »Bärenwirt« spielte den Herbergsvater und die Musiklehrerin einen Engel; die Vorstände sämtlicher Vereine stellten die Hirten und die Könige. Doch in all den Jahren waren die Schauspieler gealtert und nicht mehr die Jüngsten. Die ehemals helle Sopran-Stimme der Musiklehrerin war allmählich brüchig geworden.

Jetzt waren sich alle einig: Dieses Jahr sollten Kinder und Jugendliche des Dorfes das Krippenspiel übernehmen, so wie es andernorts schon lange üblich war. Die Verantwortlichen versprachen sich zudem davon, dass das Spiel nun spontaner und lebendiger werden sollte. Eifrig wurde geprobt in den Wochen vor dem Fest. Mit Begeisterung waren alle dabei.

Doch einige Tage vor Weihnachten geschah etwas völlig Unerwartetes. Jonas, der Älteste des Bäckers, rief mitten hinein in die Spielerschar: »Wir haben in unserem Krippenspiel die Könige vergessen!«

Lähmende Stille! Wie vom Blitz getroffen, standen alle da und schauten sich Hilfe suchend an.

Wirklich: Es gab keine Könige.

Nun war guter Rat teuer. Bald verbreitete sich die Nachricht: Wer die Rolle eines Königs übernehmen wollte, sollte sich schnell melden. Einzige Bedingung: ein persönliches Geschenk für das Kind in der Krippe. Dieses Krippenspiel sollte ja ideenreicher und echter werden als seine Vorläufer.

Zu guter Letzt fanden sich dann doch noch drei Könige, genauer gesagt, auch eine Königin war unter ihnen. Zum Proben mit den anderen allerdings fand sich kein Termin mehr. So wusste niemand, wie es mit ihrem Auftritt werden würde.

Der Weihnachtstag kam – und mit ihm die Stunde der Aufführung. War früher der Bärensaal beim Krippenspiel gut gefüllt, platzte er jetzt aus allen Nähten. Niemand wollte es sich entgehen lassen, dieses neue Spiel der Kinder und der vergessenen Könige.

Gut spielten sie, der Engel und die Hirten und Maria und Josef. Alle aus dem Dorf verfolgten voller Freude das lebhafte Spiel der Kinder. Und sie warteten gespannt auf den Auftritt der Heiligen Drei Könige.

Vom Seiteneingang der Bühne näherten sie sich endlich – die Könige mit ihrem Stern. Max voran, der Jüngste des Bäckers. Er wirkte schon immer etwas tollpatschig. Auch jetzt, als er an die Krippe trat. Doch sprach er mit klarer Stimme: »Die Gaben der Heiligen Drei Könige sind Gold, Weihrauch und Myrrhe – das weiß ich. Doch als ich die Rolle vor fünf Tagen annahm, wusste ich sofort, was ich dir schenken würde: den schönen Milchbecher, den meine Patentante mir zum Geburtstag geschenkt hat. Doch vorhin, auf dem Weg hierher, fiel er hin und zerbrach. Trotzdem schenke ich dir diesen kaputten Becher. Weil ich nichts Schöneres für dich habe. Und weil mir so oft etwas kaputtgeht in meinem

Leben. Später, wenn ich groß bin, kaufe ich dir einen neuen, heilen Becher.« Still war es im Saal. Mucksmäuschenstill.

Dann kam Angelina, der zweite König. Sie hielt etwas in der Hand und ging aufrecht damit auf das Kind zu. Dann kniete sie nieder und legte ein Blatt an die Krippe. Es sprudelte nur so aus ihr heraus: »Ich strenge mich so an, in der Schule endlich einmal einen guten Aufsatz zu schreiben. Meine schlechten Noten bereiten auch meinen Eltern viel Kummer. Und die letzte Arbeit ist mir schon wieder missglückt. Du Kind in der Krippe, nimm dieses Zeugnis und sei trotzdem gut zu mir.« Keiner scharrte mit den Schuhen, keiner hustete. Alle blieben sie still.

Jetzt war Kevin an der Reihe, der vorlaute Dreizehnjährige, der vor zwei Jahren allein mit seiner Mutter zugezogen war. Der dritte König.

»Ich komme wirklich von weit her. Und jetzt möchte ich dir auch eine ganz eigene Gabe bringen. Ich spüre genau, dass viele im Dorf sich schwertun mit mir. Ich bin so ganz anders, als sie sich einen höflichen Jungen vorstellen. Nach außen tue ich so, als mache mir die Ablehnung nichts aus. Dabei bin ich oft traurig, dass ich nicht dazugehören darf. Du, Kind in der Krippe, kennst mein wahres Gesicht hinter meiner Maske. Nur vor dir traue ich mich, sie abzulegen.« Kein Laut war zu hören, niemand sprach auch nur ein Wort.

Und als dann die Musiklehrerin leise das »Stille Nacht« anstimmte, waren mehr feuchte Augen im Saal zu sehen als in all den Jahren zuvor.

73. Der Weihnachtsnarr

Thema	Ein Narr findet den König, dem er dienen will
Vorlesedauer	ca. 4 Minuten
Hinführung	Auch auf einer mittelalterlichen Burg durfte ein Narr am Hofe nicht fehlen. Seine Aufgabe war es, bei aller Narretei den Punkt zu treffen, der Weisheit verriet.

Im Morgenlande lebte vor zweitausend Jahren ein junger Narr. Und wie jeder Narr sehnte er sich danach, weise zu werden. Er liebte die Sterne und wurde nicht müde, sie zu betrachten und über die Unendlichkeit des Himmels zu staunen. Und so geschah es, dass in der gleichen Nacht nicht nur die Könige Kaspar, Melchior und Balthasar den neuen Stern entdeckten, sondern auch der Narr.

Der Stern ist heller als alle andern, dachte er, es ist ein Königsstern. Ein neuer Herrscher ist geboren. Ich will ihm meine Dienste anbieten, denn jeder König braucht auch einen Narren. Ich will mich aufmachen und ihn suchen. Der Stern wird mich führen.

Lange dachte er nach, was er dem König mitbringen könne. Aber außer seiner Narrenkappe, seinem Glockenspiel und seiner Blume besaß er nichts, was ihm lieb war. So wanderte er davon, die Narrenkappe auf dem Kopf, das Glockenspiel in der einen und die Blume in der andern Hand.

In der ersten Nacht führte ihn der Stern zu einer Hütte. Dort begegnete er einem Kind, das gelähmt war. Es weinte, weil es nicht mit den andern Kindern spielen konnte. Ach, dachte der Narr, ich will dem Kind meine Narrenkappe schenken. Es braucht die Narrenkappe mehr als ein König. Das Kind setzte sich die Narrenkappe auf den Kopf und lachte vor Freude. Das war dem Narren Dank genug.

In der zweiten Nacht führte ihn der Stern zu einem Palast. Dort begegnete er einem Kind, das blind war. Es weinte, weil es nicht mit den andern Kindern spielen konnte. Ach, dachte der Narr, ich will dem Kind mein Glockenspiel schenken. Es braucht das Glockenspiel mehr als ein König. Das Kind ließ das Glockenspiel ertönen und lachte vor Freude. Das war dem Narren Dank genug.

In der dritten Nacht führte ihn der Stern zu einem Schloss. Dort begegnete er einem Kind, das taub war. Es weinte, weil es nicht mit den andern Kindern spielen konnte.

Ach, dachte der Narr, ich will dem Kind meine Blume schenken. Es braucht die Blume mehr als ein König. Das Kind betrachtete die Blume und lachte vor Freude. Das war dem Narren Dank genug.

Nun bleibt mir nichts mehr, dachte der Narr, was ich dem neuen König mitbringen könnte. Es ist wohl besser, wenn ich umkehre.

Aber als der Narr zum Himmel emporschaute, stand der Stern still und leuchtete heller als sonst. Da fand er den Weg zu einem Stall mitten auf dem Feld. Vor dem Stall begegnete er drei Königen und einer Schar Hirten. Auch sie suchten den neuen König. Er lag in einer Krippe, war ein Kind, arm und bloß. Maria, die eine frische Windel übers Stroh breiten wollte, schaute Hilfe suchend um sich. Sie wusste nicht, wo sie das Kind so lange hinlegen sollte. Josef fütterte den Esel und alle andern waren mit Geschenken beladen. Die drei Könige mit Gold, Weihrauch und Myrrhe, die Hirten mit Wolle, mit Milch und Brot. Nur der Narr stand da mit leeren Händen. Voll Vertrauen legte Maria das Kind auf seine Arme. Er hatte den König gefunden, dem er in Zukunft dienen wollte. Er wusste auch, dass er seine Narrenkappe, sein Glockenspiel und seine Blume für dieses Kind hingegeben hatte. Und das Kind schenkte ihm nun mit seinem Lächeln die Weisheit, nach der er sich sehnte.

Max Bolliger

74. Das Märchen vom Weihnachtsstern

Thema	Ein Stern geht auf die Reise
Vorlesedauer	ca. 4 Minuten
Hinführung	Nur drei Menschen sind dem besonderen Stern am Himmel gefolgt.

Vor vielen hundert Jahren ging Gott, wie es seine Gewohnheit war, durch den glitzernden Sternengarten spazieren. Wie ein Gärtner, der nach seinen Schützlingen schaut, so sah Gott mit suchenden Augen umher. Schließlich blieb er vor einem seiner Sterne stehen, der sich in nichts von den anderen Millionen Sternen unterschied. Er sagte: »Höre, was ich dir sage, kleiner Stern! Dich ernenne ich zum Weihnachtsstern, weil du die Nächte rund um die Geburt meines Sohnes erhellen kannst. Den Menschen wirst du auf der Suche nach ihm vorangehen.«
Der kleine Stern war aus seiner Bedeutungslosigkeit gerissen. Er war ein besonderer Stern geworden. Gott gab ihm einen Auftrag für eine Stunde

und eine Zeit, die nur er wusste, weil er die Zeitgeschichte kannte bis ins kleinste Detail.

So wuchs nun der kleine Stern heran und erwartete seine große Aufgabe. Er lernte unter all den Sternen die Bahn zu ziehen, die ihm zugedacht war. Mit besonderem Fleiß bemühte er sich darum, zu leuchten, zu funkeln und zu glitzern, um die Menschen auf die Geburt des Gottessohnes aufmerksam zu machen. So gingen viele hundert und aberhundert Jahre dahin.

Eines Tages vernahm der Stern wieder die Stimme Gottes über sich: »Mein Sohn wird in einigen hundert Jahren geboren. Soll die Menschheit dein Licht sehen, so musst du dich jetzt auf den Weg machen!« Und der Stern gehorchte. Wenn Sterne fliegen, so tun sie es nicht wie Vögel oder wie Raumschiffe. Für unsere Augen stehen sie unveränderlich am Himmel, und doch sieht man schon nach Verlauf weniger Stunden, dass sie ihren Standort nicht beibehalten haben. Der Stern zog also seine Bahn vom fernen Osten der Erde über Berge, Meere, Wüsten bis ins Herz des Judäischen Berglandes. Dort blieb er senkrecht über einer unscheinbaren Behausung stehen, denn diese Stelle hatte Gott ihm bezeichnet.

Als er über Babylon hinweggezogen war, hatten ihn drei Sterndeuter entdeckt, und mit fiebrigen Köpfen fanden sie in ihren Weisheitsbüchern die Prophetie, dass der Stern mit der Geburt eines neuen Königs der Juden einherginge. In aller Eile machten sie ihre Reittiere sattelfertig und zogen viele Tagesreisen weit hinter dem Stern her, der ihnen bei Nacht die Richtung zeigte, bis sie endlich verstaubt und müde in Jerusalem, der Königsstadt der Juden, eintrafen. Was dort geschah, hat der Evangelist Matthäus für alle Zeit in seinem Buch aufgeschrieben.

Als der Stern seine Aufgabe erfüllt hatte, kehrte er an seinen Platz am Himmel zurück.

»Nun«, sagte Gott gütig, »wie ist es dir auf deiner Reise ergangen, mein lieber Stern?«

»Schlecht«, klagte der Stern, »ich habe viel zu wenig geleuchtet. Die Menschen haben mich nicht wahrgenommen. Es ist alles so unauffällig abgelaufen wie nur möglich. Und als ich eines Nachts, aber das war hundert Jahre später, über einer Insel im Meer stand und durch ein beleuchtetes Fenster blinzelte, sah ich einen weißbärtigen Mann über einer Pergamentrolle sitzen und mit zittrigen Fingern den Satz schreiben: »Das Licht leuchtete in der Finsternis, die Finsternis aber hat es nicht erfasst.«

»So ist es«, antwortete Gott. »Aber scheint es dir nicht auch, dass damit ein anderes größeres Licht gemeint ist?«

»O nein«, widersprach der Stern bekümmert, »sonst wäre es nicht möglich, dass nur drei, ich wiederhole, nur drei Menschen meinem Licht gefolgt sind, um die Ankunft deines Sohnes zu feiern.«

»Das«, lächelte Gott, »waren aber auch drei Weise!«

Nach Isolde Lachmann

75. Wie einst die Könige Briketts holten

Thema	Sternsinger bringen Freude
Vorlesedauer	ca. 6 ½ Minuten
Hinführung	Wie ein Hund einer alten Frau viel Freude bereitet und was die Sternsinger damit zu tun haben, erzählt folgende Geschichte:

An jenem 6. Januar war es nicht sehr kalt; der zwei Tage alte Schnee begann zu tauen. Wir stapften durch den Matsch und hatten uns verspätet. Ich war von meinen Freunden getrennt und einer Gruppe von älteren Jungen zugeteilt worden, die ich nicht sehr mochte.

Nur mit Hilfe des Kaplans hatte ich verhindern können, dass sie mich mit einem Taschenspielertrick zum Mohren machten. Ich weiß nicht, wie es heute ist, damals jedenfalls war das Schminken unbeliebt, und der Mohr wurde ausgelost. Aber ich hätte ohnehin nur als Messdiener dabei sein sollen. Das wussten die Älteren genau. Der Kaplan auch, und er bestimmte den Falschspieler zum Mohren, was mich bei den Größeren auch nicht beliebter machte.

An diesem Nachmittag neckten sie mich immer wieder, nannten mich »Furz« und tauschten aus meiner Tüte die Süßigkeiten aus, die sie für leckerer hielten. »Kein Diebstahl«, erklärte Mohr Klaus; was zwar stimmte, aber ...

Zunächst blieb alles harmlos, bis eben recht früh die Dunkelheit einbrach. Wir waren gerade in einer einsamen Gegend angelangt, als die Könige sich besonders beeilten und ich mit dem recht schweren Kreuz am Stab und den Tüten nicht mehr mitkam.

Plötzlich war ich allein.

Ich hatte Angst; und die wuchs mit jeder Sekunde. Ich weiß noch genau: Die Tränen flossen. Doch das sollten sie schon gar nicht sehen. Reiß dich zusammen! Doch dieses Flehen ließ die Ströme nur noch stärker rinnen. Da saß an der Straßenecke dieser Hund, ein Bobtail. Es war ein ganz weißer, einer von diesen Hunden mit dem langen, zotteligen, verfilzten Fell, unter dem die Augen nicht zu erkennen sind. Zweifellos sah er mich an und trottete dann neben mir her. An der Kreuzung musste ich mich entscheiden.

Der Hund ging nach rechts in die Straße. Ich folgte ihm. Ich hatte ja nichts zu verlieren. Kurz darauf hörte ich eine Tür – und heraus kamen die Drei Könige.

Als sie mich sahen, fragten sie unschuldig: »Wo warst du denn? Wir haben dich schon vermisst.« Dann entdeckten sie den Hund. »Wie heißt er denn?«, wollten sie wissen.

»Andy.« Das war erfunden. Aber als ich rief: »Komm, Andy!«, trottete er mit. Andy war klasse! Und die älteren Drei Könige behandelten mich von nun an super. Andy rannte voraus, und hinter ihm her zu springen machte allen Spaß. So kamen wir gut vorwärts. Beim Singen jaulte er mit. Oft bekam er noch ein Leckerchen.

Wir lachten und waren ausgelassen. Bis Andy plötzlich vor einem Haus anhielt und laut bellte. Die Adresse stand nicht auf unserem Zettel. Es war ein Mehrfamilienhaus.

Klaus gab sich großzügig: »Wenn er will, dann schellen wir auch hier.«

Ich hatte sofort wieder Angst: »Wir können doch nicht bei fremden Leuten schellen, die überhaupt nicht wissen, wer wir sind.«

Die Könige lachten schallend, und schon drückte Klaus die unterste Schelle. Nichts geschah. Erst bei der dritten Schelle brummte es, und Klaus drückte auf. Zwei Treppen marschierten wir hinauf, und ich hielt mich ängstlich an Andys Fell fest.

In der Tür saß eine sehr alte Frau in einem Rollstuhl. In den Decken, die sie umgelegt hatte, sah sie dick aus, das Gesicht dagegen war hager. Sie lächelte und begrüßte zunächst Andy; nur nannte sie ihn Starky. Klaus hob an zu singen, doch die Frau winkte ab. »Nicht hier, kommt bitte rein.« Sie fuhr voraus, indem sie mit ihren Beinen trippelnd den Stuhl vorwärtsbewegte.

Es war kalt in der Wohnung, und als sie mich frösteln sah, erklärte sie, ihr seien die Briketts ausgegangen und nun müsse sie warten, bis ihre Nachbarin in drei oder vier Stunden wiederkomme und ihr neue aus dem Keller hole. Der hilfsbereiten Nachbarin gehöre auch Starky, der draußen gern herumstromere.

Wir hörten zu und froren, bis wir auf einmal alle gleichzeitig darauf kamen, dass wir doch die Briketts holen könnten. Was wir hochschafften, würde für zwei Tage reichen, freute sich die alte Frau und legte weitere Zeitungen aus, um die Briketts unterzubringen. Dann verabschiedeten wir uns.

Am nächsten Tag rief die Nachbarin an. Sie hatte unsere Adressen herausbekommen. Wir erfuhren mehr: Die alleinstehende Frau Witte habe zeit ihres Lebens in dieser Wohnung gewohnt und an ihr Leben nur noch einen Wunsch: hier wohnen zu bleiben. Wir besuchten sie noch manches Mal, holten Briketts hoch oder führten Starky Gassi. Etwa zwei Jahre lang, bis Frau Witte in ihrer Wohnung starb.

Wenn ich heute Sternsinger sehe, fällt mir meine Begegnung mit Starky ein. Dann sehe ich ihn wieder vor mir, wie er da, an der Straßenecke sitzend, auf mich gewartet hatte, wie er mir die Angst nahm, wie er mich auf den Weg zu meinen Königen führte, wie er schließlich Frau Witte vor einem kalten Winterabend bewahrte und ihr für die letzten Jahre ihres Lebens vier junge Freunde bescherte. Mir erschien er damals wie ein kleiner Stern von Bethlehem.

76. Der kleine Wunderstern

Thema	Die Rose als Zeichen der Hoffnung
Vorlesedauer	ca. 5 Minuten
Hinführung	Ein kleiner Stern macht sich auf die Suche nach dem neugeborenen Kind. Warum ihm dabei das Geheimnis der Rose hilft, davon erzählt diese Geschichte.

Das Licht des kleinen Wundersterns leuchtet nur ganz schwach. Aber es scheint genau in jener Nacht, in der auf der Erde Jesus geboren wird. Der kleine Stern will das neugeborene Kind suchen. Er hat gehört, dass durch die Liebe sein Licht stärker wird. Und so macht er sich auf den Weg zur Erde. Er trifft einen freundlichen alten Mann, einen reichen geizigen König, eine alte Frau mit ihrem Esel, einen Hirtenjungen und ein junges Mädchen, das Blumen verkauft.

»Warum lieben die Menschen die Blumen?«, fragte der kleine Stern.

Das Mädchen lächelte: »Weil sie ein Geheimnis haben.«

»Erzähl mir davon«, bat der kleine Stern.

Und das Mädchen erzählte: »Vor langer Zeit war unser Volk in Gefangenschaft geraten. Es lebte in einem fremden Land und musste für einen fremden König schwere Arbeiten verrichten. Die Menschen waren sehr traurig, sie sangen nicht mehr, sie tanzten nicht mehr. Da stand ein junger Mann auf und sagte: ›Habt Mut! Es wird ein Kind geboren werden, ein Retter, der uns befreit!‹

Aber die Menschen glaubten ihm nicht. Da hob er einen Zweig auf und rief: ›Seht her! Im Winter sind die Bäume kahl wie dieser Zweig, und der Schnee bedeckt die Felder. Doch kommt der Sommer, bringen die Bäume Knospen und Blüten hervor und überall blühen Blumen. Das ist wie ein Zeichen der Hoffnung auf unsere Befreiung!‹«

»Was ist Hoffnung?«, fragte der kleine Stern.

»Hoffnung ist wie eine Rose, die im Winter blüht«, sagte das Mädchen lächelnd.

»Ich möchte auch eine Rose haben«, bat der kleine Stern. Doch da fiel ihm ein, dass er kein Geld besaß.

»Hier«, sagte das Mädchen und reichte ihm eine besonders schöne Rose. »Ich schenke sie dir. Denke immer an ihr Geheimnis!«

Aber es sieht so aus, als ob die Suche des kleinen Sterns nach dem Jesuskind keinen Erfolg hätte ...

Der kleine Stern saß erschöpft am Wegrand. Viele Tage hatte er vergeblich den Stall gesucht. Die Rose in seinen Händen war fast verwelkt. Da kamen drei Männer die Straße entlang. Ihre Kleidung war verstaubt, ihre Schuhe zerschlissen und ihre Gesichter von der Sonne verbrannt. Sie schienen sehr müde zu sein, aber ihre Augen glänzten hell.

»Warum seid ihr so froh?«, fragte der kleine Stern, als sie näher kamen und anhielten.

»Wir haben das Kind gesehen«, sagte der älteste der drei Männer. Und sie nickten einander zu. Da wurde der kleine Stern traurig und sagte: »Ich bin wie ihr einen weiten Weg gegangen, habe Hitze und Kälte, Hunger und Durst ertragen. Aber das Kind habe ich nicht gefunden.«

»Du musst Geduld haben«, sagten die Fremden. »Wir sind drei weise Männer und kennen die ganze Welt. Aber wir haben ein Leben lang gebraucht, um zu finden, was wir suchten.«

Der kleine Stern seufzte. »Ich bin noch sehr jung«, sagte er, »und werde das Kind wohl niemals finden.«

Die Männer schauten sich ratlos an. Manchmal wissen auch weise Männer nicht weiter. »Seht nur«, sagte plötzlich der Älteste der drei: »Seine Rose ist fast verwelkt! Wir müssen ihm helfen, damit er die Hoffnung nicht verliert!« Und sie beschlossen, umzukehren und dem kleinen Stern den Weg zu zeigen.

Am Abend dieses Tages erreichten der kleine Stern und die drei Weisen den Stall. »Du bist am Ziel deiner Reise«, sagten die Männer. »Tritt ein, dort findest du, was du gesucht hast.«

Doch der kleine Stern zögerte. »Ich habe nichts, was ich dem Kind schenken könnte«, seufzte er.

»Oh doch«, sagten die drei Weisen. »Gib einfach, was dir am liebsten ist.« Da fasste sich der kleine Stern ein Herz und betrat den Stall. Und er sah das Kind und seine Eltern, wie es der Hirtenjunge beschrieben hatte. Der kleine Stern ging ganz nahe an die Krippe und flüsterte dem Kind zu: »Verzeih, ich bin nur ein kleiner Stern am großen Himmel. Alles, was ich besitze, ist mein Licht. Wenn du magst, will ich es dir schenken.«

Da lächelte das Kind, und seine Mutter sagte: »Hab vielen Dank, jetzt bist du kein kleiner Stern mehr. Weil du geleuchtet hast, als Jesus geboren wurde, werden die Menschen dich nie vergessen.«

Da war der kleine Stern sehr glücklich. Und als er auf die Rose blickte, die er in den Händen hielt, sah er, dass sie wunderschön blühte.

Wolfgang Poeplau

77. Flüsterpropaganda

Thema	Von der Weisheit der Weihnachtspyramide
Vorlesedauer	ca. 3 Minuten
Hinführung	Mit etwas mehr Licht und Wärme ließe sich einiges mehr bewegen.

»Achtung, jetzt geht's gleich wieder rund!«, rief einer der Heiligen Drei Könige, als er die Hand mit dem brennenden Streichholz auf sich zukommen sah. Er hatte – zusammen mit seinen beiden Kollegen, einem Diener und einem voll bepackten Kamel, mit einem Hirten und ein paar Schafen – seinen festen Platz auf der Drehscheibe einer Weihnachtspyramide. »Seit Tagen kommen wir aus dem Rotieren nicht mehr heraus«, brummte der alte Hirte, als die Kerzen angezündet waren und sich die ganze Mannschaft langsam in Bewegung setzte. »Immer derselbe Trott! Wie haltet ihr das bloß aus?«

»Ich versuche«, erwiderte der König, »mit den Menschen, die uns zuschauen, ins Gespräch zu kommen. Wenn ich entdecke, dass einer still und nachdenklich wird, dann flüstere ich ihm zu: ›Schau mal, wir haben unsere Mitte gefunden. Alles dreht sich um die Krippe und das Kind, um Jesus, die Menschenfreundlichkeit Gottes in Person. Lass deine Gedanken doch auch einmal um ihn kreisen! Mach den Menschen, der so war, wie Gott sich den wahren Menschen vorstellt, doch auch zum Dreh- und Angelpunkt deines Lebens!‹«

Die Fahrt war schon ziemlich rasant geworden, da ergriff der zweite König das Wort: »Auch ich habe mir etwas vorgenommen für die kurze Zeit im Jahr, in der wir die Menschen mit unserer Anwesenheit erfreuen. Wenn einer aufmerksam ist, dann kann er mich bei jeder Runde sagen hören: ›Sieh her, wie wir in Schwung gekommen sind! Lass dich doch auch durch die Freude dieser Tage in Bewegung bringen! Spring über den Schatten deiner Sturheit, geh aus dir heraus und offen auf andere zu! Vergiss wenigstens für ein paar Stunden das Festgefahrene in deinem Leben!‹«

Der dritte König meinte: »Wenn jemand fasziniert ist von der unsichtbaren Kraft, die uns antreibt, dann sage ich ihm ganz leise: ›Schau, es braucht nur ein bisschen Licht und ein wenig Wärme – und schon wird es bei uns lebendig. Unser Zug setzt sich in Gang und die großen Flügel über uns zaubern die schönsten Schattenspiele an die Zimmerdecke. Ein bisschen Licht und Wärme, eine Atmosphäre der Ehrlichkeit und Herzlichkeit – das könnte auch bei euch einiges bewegen!‹«

»Was diese drei bloß für Ideen haben«, dachte der brummige, alte Hirte bei sich. Aber es blieb ihm gar nichts anderes übrig, als sich ihnen anzuschließen und sich von ihrem Schwung mitreißen zu lassen.

Wolfgang Raible

78. Die Räuber an der Krippe

Thema   Der König, der keine Schätze braucht
Vorlesedauer ca. 5 Minuten
Hinführung   Selbst Räuber kommen an der Krippe zum Nachdenken.

Über die Wüste fegt ein kalter Wind. Die Sonne ist längst hinter den Bergketten untergegangen. Schnell bricht die Nacht herein.

Die drei Männer, die mit ihren Kamelen und Pferden über die steinige Erde ziehen, sind müde und erschöpft. Staubverkrustet sind ihre Gesichter. Mäntel und Sandalen sind verschlissen von der langen Wanderung.

»Ich kann nicht mehr«, sagt Markus, der Älteste. »Lasst uns in einer Felsenhöhle Schutz vor der Nacht suchen!«

»Wir müssen noch eine Weile weitergehen!«, erwidert David. »Vielleicht finden wir ja doch noch eine Oase. Unsere Tiere brauchen dringend Wasser!«

»Nun ist der Stern hinter den Wolken verschwunden«, seufzt Simon. »Der Stern, der uns die ganze Zeit über Hoffnung und Mut geschenkt hat. Der Stern, der auf Israel zeigt, wo ein neuer König geboren werden soll. Ein mächtiger Herrscher, der von Gott geschickt ist, um Menschen und Tieren Frieden zu bringen. Der Wolf wird neben dem Lamm liegen und der Leopard neben den Ziegen. Kühe und Bären werden nebeneinander weiden. Nichts Böses soll mehr geschehen in dem weiten heiligen Land!«

Da gellen wilde Schreie durch die Nacht. Dunkle Gestalten stürzen aus der Felsschlucht hervor. Erschreckt greifen die drei Herren nach ihren Schwertern. Aber ehe sie sich zur Wehr setzen können, sind sie entwaffnet und gefesselt.

»Hier ist Gold!«, brüllt einer der Räuber.

»Her mit den Perlen und den Kostbarkeiten in euren Kameltaschen! Wozu braucht ihr das?«

»Wir suchen den neugeborenen König der Juden«, sagt Markus. »Wir wollen ihn anbeten und ihm mit unserem Gold alle Ehre erweisen. Die Wüste hat uns einen Teil unserer Pferde und Schätze genommen; ihr raubt uns den Rest!«

»Schweigt!«, schreit ein anderer Räuber. »Wenn euer König wirklich ein großer Herrscher ist, braucht er weder Gold noch Schmuck, noch Waffen! Doch seht, wir können auch menschlich handeln! Ihr seid halb verdurstet. Trinkt von unserem Wasser und dann macht, dass ihr weiterkommt!«

Dankbar greifen die drei Herren nach den Wasserbeuteln.

Langsam zieht die Karawane weiter – dem Stern nach, der wieder klar am Himmel zu sehen ist. Endlich, nach vielen Stunden, bleibt der Stern über einer Felsenhöhle stehen. Die Männer hören das Brüllen eines Ochsen, den Schrei eines Esels und dazwischen ganz leise die Stimme eines kleinen Kindes. Aus der dunklen Höhle fließt ein goldenes Licht in die Nacht hinaus.

Markus, David und Simon treten in die Höhle, wo in einer Krippe das Kind liegt. Sie knien vor ihm nieder.

»Wir haben nichts, was wir dir schenken könnten«, sagt Markus. »Doch schenk du uns deinen Frieden, deine Liebe!«

»Habt Dank, ihr Herren«, sagt die junge Mutter an der Krippe. »Bekümmert euch nicht, dass ihr mit leeren Händen kommt. Gott hat uns reich beschenkt mit diesem Kind. Mehr hat er uns gegeben, als alle Reichtümer zählen. Zieht in Frieden weiter, ihr Herren, und tragt die Friedensbotschaft in alle Welt hinaus!«

Als die Herren weitergezogen sind, schlüpfen drei dunkle Gestalten in die Höhle. Verlegen stehen sie an der Krippe und schauen voll Verwunderung auf das Kind, das ihnen zulächelt und mit den Händen nach ihnen greifen will.

»Hier, hier«, stottert der Älteste, »wir haben etwas zum Spielen mitgebracht. Eine goldene Dose, einen silbernen Ring, ein paar Perlen …«

»Nehmt eure Geschenke wieder mit!«, sagt die junge Frau lächelnd. »Gott wird uns schützen und uns leiten. Wir brauchen keine goldenen Gaben.«

Da ziehen die drei Räuber wieder in die Nacht hinaus. »Wenn mir bloß jemand erklären könnte, was es mit diesem Kind auf sich hat«, murmelt der Älteste.

Barbara Cratzius

79. Manuel hat gelacht

Thema	Herbergssuche in unserer Zeit
Vorlesedauer	ca. 5 Minuten
Hinführung	Wie das Kind in der Krippe raue Männer verwandelte.

Es ging auf den Abend zu, als der Zug in Köln ankam. Viele Leute stiegen aus. Der Mann und die Frau standen wie verloren auf dem Bahnsteig. Es war kalt und sie waren fremd in der großen Stadt.

Der Mann sagte: »Wir werden uns ein Zimmer für die Nacht suchen.« »Das ist gut«, antwortete die Frau, »es wird nicht mehr lange dauern.« Er nickte.

Sie fragten mehrmals nach einem Zimmer, fanden aber keins. Es war kurz vor Weihnachten und alle Zimmer waren besetzt. Vielleicht hätten sie noch etwas gefunden, aber der Mann und die Frau sahen ärmlich aus und jeder konnte es sehen, die Frau war schwanger. Lange konnte es nicht mehr dauern, bis das Kind geboren würde.

Schließlich sagte man ihnen: »Dort in der Straße um die Ecke, da ist ein Nachtasyl. Da kann man übernachten, wenn man keine Wohnung hat.« Ein Mann mit einer Bierflasche in der Hand zeigte ihnen das Haus. Sie klingelten.

Der Verwalter schaute aus dem Fenster. »Dies ist nur ein Haus für Männer«, sagte er. »Ich darf hier keine Frauen aufnehmen.«

Die junge Frau erschrak. Sie fasste mit beiden Händen ihren Leib. »Was ist?«, fragte der Mann. Sie antwortete: »Die Wehen fangen an. Ich kann nicht mehr weiter.«

Der Verwalter hatte Mitleid mit der Frau und sagte: »Na, dann kommen Sie mal herein. Ich habe da hinten im Haus noch eine Kammer.«

Er führte sie durch den Männerschlafsaal in ein winziges Zimmer. Es dauerte ein paar Stunden, dann war das Kind geboren. Später zeigte die Frau den Männern das Baby. Einer fragte: »Wie soll der Junge heißen?« Die Mutter antwortete: »Manuel soll er heißen.«

Die Männer wunderten sich über den Namen, aber sie dachten daran, dass die junge Frau von weit her gekommen war. Einer kramte in seinem Rucksack. Er zog vier Papierblumen heraus. Die schenkte er der Mutter. Auf einmal hatten alle etwas, was sie der Mutter und dem Kind schenken wollten. Ein Mann holte ein fast neues Schaffell herbei und sagte: »Damit Manuel es gut warm hat.«

Ein anderer sagte: »Moment mal. Ich muss doch irgendwo noch einen weichen Wollschal haben.« Er kramte in seinem Plastikbeutel und fand den Schal. Es war wirklich ein schönes Stück, leuchtend rot und flauschig. Er reichte ihn der Frau. »Für Manuel«, sagte er.

Auch die Frau des Verwalters kam herein und wollte das Kind anschauen. »Was ihr Kerle euch nur einfallen lasst«, sagte sie. »Schal, Fell und Papierblumen! Was das Kind braucht, das sind Windeln, ein paar Babyjäckchen und kleine Höschen.«

Da fragte ihr Mann: »Klara, liegen in unserer Schublade nicht noch die Sachen von unserer Tochter Elisabeth?«

»Sicher, Franz«, rief die Frau. »Dass ich daran nicht selber gedacht habe!« Sie lief in ihre Wohnung und kam zurück mit Windeln, Jäckchen und Höschen und mit einer wunderschönen blauen Babymütze. »Nimm das für dein Kind«, sagte sie zu der Mutter.

»Guckt mal«, sagte ein sehr alter Mann. »Ich glaube, Manuel hat gelacht.« Alle sahen es.

Da nahm der alte Mann seine Mundharmonika. »Ich habe schon lange nicht mehr darauf gespielt«, sagte er. »Hoffentlich kann ich es noch.« Er blies ganz zarte Töne hervor, und die Männer begannen zu summen und leise mitzusingen. Und weil Weihnachten vor der Tür stand, sangen sie »Es ist ein Ros entsprungen« und »Seid nun fröhlich, jubilieret«.

»Schluss jetzt«, sagte die Frau des Verwalters. »Die Mutter und das Kind brauchen Ruhe.« Und der Verwalter murmelte: »Komisch, so friedlich waren die Kerle im Nachtasyl noch nie.« Dann fügte er hinzu: »Es fehlt nicht viel, dann schaffen die auch noch Ochs und Esel herbei!«

Wenig später löschte er das Licht.

Manche der Männer aber lagen noch lange wach, und es kam ihnen die Zeit in den Sinn, in der sie selber noch Kinder gewesen waren. Einer sprach schon halb im Schlaf: »Merkwürdig, dass das alles bei uns passiert ist. Das wird uns kaum einer glauben, wenn wir es weitererzählen.«

Willi Fährmann

80. Die Legende vom vierten König

Thema	Ein vierter König findet auf Umwegen den König der Welt
Vorlesedauer	ca. 5 ½ Minuten
Hinführung	Ein vierter König kam zu spät zum vereinbarten Treffpunkt. Da macht er sich alleine auf den Weg.

Außer Caspar, Melchior und Balthasar war auch ein vierter König aus dem Morgenland aufgebrochen, um dem Stern zu folgen, der ihn zum göttlichen Kind führen sollte. Dieser vierte König hieß Coredan. Drei wertvolle rote Edelsteine hatte er eingesteckt und mit den anderen Königen einen Treffpunkt vereinbart. Doch weil sein Reittier lahmte, kam er nicht rechtzeitig an. Eine Botschaft sagte ihm, dass die anderen drei ihn in Bethlehem erwarten würden. Coredan ritt weiter.

Plötzlich entdeckte er am Wegrand ein weinendes, blutendes Kind. Voll Mitleid nahm er es auf sein Pferd. Er fand eine Frau, die bereit war, das Kind zu pflegen. Coredan nahm einen der Edelsteine und schenkte ihn dem Kind, damit sein Leben gesichert sei. Dann ritt er weiter. Den Stern hatte er verloren.

Eines Tages erblickte er ihn wieder und er führte ihn durch eine Stadt. Dort begegnete ihm ein Leichenzug. Hinter dem Sarg schritt eine verzweifelte Frau mit ihren Kindern. Der Mann und Vater wurde zu Grabe getragen und die Familie war in Schulden geraten. Die Frau und die Kinder sollten nun als Sklaven verkauft werden. Coredan nahm den zweiten Edelstein und half damit der Familie. Dann wendete er sein Pferd und wollte dem Stern entgegenreiten – doch dieser war erloschen. Sehnsucht nach dem göttlichen Kind und tiefe Traurigkeit befielen ihn. Würde er sein Ziel nie erreichen?

Eines Tages leuchtete der Stern wieder auf und führte ihn durch ein fremdes Land, in dem Krieg wütete. In einem Dorf hatten Soldaten die Bauern zusammengetrieben, um sie grausam zu töten. Da holte Coredan seinen letzten Edelstein hervor, um damit das Dorf loszukaufen. Müde und traurig ritt er weiter. Sein Stern leuchtete nicht mehr.

Jahrelang wanderte er durch das Land. Schließlich half er den Schwachen und Kranken; keine Not blieb ihm fremd. Eines Tages kam er am Hafen einer großen Stadt gerade dazu, als ein Vater seiner Familie entrissen und auf eine Galeere verschleppt werden sollte. Coredan flehte um den armen Menschen und bot sich dann selbst an, anstelle des Unglücklichen als Galeerensklave zu arbeiten.

Jahre vergingen. Grau war Coredans Haar, müde sein zerschundener Körper geworden. Doch irgendwann leuchtete sein Stern wieder auf. Und was er nie zu hoffen gewagt hatte, geschah. Man schenkte ihm die Freiheit wieder und er wurde an der Küste eines fremden Landes von Bord gelassen. In dieser Nacht träumte er von seinem Stern und davon, wie er aufgebrochen war, um den König aller Menschen zu finden. Eine Stimme rief ihn: »Eile, eile!« Sofort brach er auf und kam zu einer großen Stadt. Aufgeregte Menschen zogen ihn mit, hinaus vor die Mauern. Oben auf einem Hügel ragten drei Kreuze. Coredans Stern blieb über dem Kreuz in der Mitte stehen, leuchtete noch einmal auf und war dann erloschen. Ein Blitzstrahl warf den müden Greis zu Boden. »So muss ich also sterben«, flüsterte er in jäher Todesangst, »ohne dich gesehen zu haben? So bin ich umsonst gewandert, ohne dich zu finden, Herr?«

Da traf ihn der Blick des Menschen am Kreuz, ein Blick der Liebe und Güte. Und er hörte eine Stimme, die sprach: »Du hast mich getröstet, als ich jammerte, und gerettet, als ich in Lebensgefahr war; du hast mich gekleidet, als ich nackt war!« Und der Mann am Kreuz neigte das Haupt und starb. Coredan erkannte: Dieser Mensch ist der König der Welt. Ich habe ihn gesucht in all den Jahren. – Er hatte ihn doch noch gefunden.

Nach einer russischen Legende

Quellennachweis

· · · · · · · · · · ·

Trotz intensiver Bemühungen ist es uns nicht gelungen, alle Rechteinhaber zu ermitteln. Wir bitten diese daher um Verständnis, wenn wir gegebenenfalls erst nachträglich eine Abdruckhonorierung vornehmen können.

1   Aus: Max Bolliger, Ein Duft von Weihrauch und Myrrhe. Weihnachtslegenden © 2009 Verlag am Eschbach der Schwabenverlag AG, Eschbach/Markgräflerland
2   Aus: Karl Heinrich Waggerl, Liebe Dinge © Otto Müller Verlag, 29. Auflage, Salzburg 1986
3   Lene Mayer-Skumanz © Rechte bei der Autorin
4   Genaue Quelle unbekannt
5   Edeltraut Dürr, aus: Ursula Richter (Hg.), Weihnachtsgeschichten am Kamin (21) Copyright © 2006 by Rowohlt Verlag GmbH, Reinbek bei Hamburg
6   Ulrike Piechota © Rechte bei der Autorin
7   Kurtmartin Magiera
8   Ulrich Peters © Rechte beim Autor
9   Lene Mayer-Skumanz © Rechte bei der Autorin
10 Friedrich von Bodelschwingh
11 Dorothea Kiausch © Rechte bei der Autorin
12 Nach Luis A. Perez Uvalle
13 Brigitte Hallermann
14 Lene Mayer-Skumanz © Rechte bei der Autorin
15 Paul-Gerhard Martin © Rechte beim Autor
16 Monika Endres © Rechte bei der Autorin
17 Barbara Cratzius © Rechte bei Hartmut Cratzius
18 Renate Dopatka
19 Nach einer Kurzgeschichte von Walter Baudet
20 Aus: Folke Tegetthoff, Kräutermärchen © 1998 by nymphenburger in der F. A. Herbig Verlagsbuchhandlung GmbH, München
21 Deutsche Übersetzung von Reinhold Becker © Rechte beim Autor
22 © Margarete Kubelka Erben
23 Märchen aus Albanien
24 Willi Fährmann © Rechte beim Autor
25 Regine Schindler © Rechte bei der Autorin
26 Willi Fährmann © Rechte beim Autor
27 Aus: Ingrid Uebe, Leselöwen-Wintergeschichten. Illustriert von Marion Kreimeyer-Visse © 1995 Loewe Verlag GmbH, Bindlach

28 Aus: Andrea Schwarz, Eigentlich ist Weihnachten ganz anders. Hoffnungs-
texte © Verlag Herder GmbH, Freiburg i. Br. 2007

29 Ilse Bintig © Rechte bei der Autorin

30 Willi Fährmann © Rechte beim Autor

31 Klaus Nagorni © Rechte beim Autor

32 Quelle unbekannt

33 Aus: Markus Arnold, 24 Geschichten zu den Festtagen im Kirchenjahr, 1995
rex verlag luzern

34 Aus: Adrian Plass, Adrians neuer Adventskalender © 2000 by Joh. Brendow
& Sohn Verlag GmbH, Moers

35 Aus: Dorothee Sölle, Maria. Eine Begegnung mit der Muttergottes (2005),
S. 67

36 Aus: Max Bolliger, Ein Duft von Weihrauch und Myrrhe. Weihnachtslegenden, © 2009 Verlag am Eschbach der Schwabenverlag AG, Eschbach/Mark-
gräflerland

37 Tilde Michels

38 Rita Deschner. Rechte bei der Autorin

39 Dietrich Steinwede, aus: Weihnachten mit Lukas – Sachbilderbuch © Verlag
Ernst Kaufmann, Lahr/Patmos-Verlag, Düsseldorf

40 Aus: Ingrid Uebe, Leselöwen-Weihnachtsgeschichten. Illustriert von Alexan-
der Bux © 2008 Loewe Verlag GmbH, Bindlach

41 Joseph Weissmann

42 Frei nach einem Weihnachtsbrief

43 Norbert Possmann © Provinzialat der Pallottiner, Friedberg

44 Stark verändert und verkürzt nach Elisabeth Bernet, Der Mantel des Stern-
deuters © Paulusverlag, Freiburg (Schweiz)

45 Aus: Jörg Müller/Konrad Steininger, Ganz nah am Herzen © 2001 J. F. Stein-
kopf Verlag, Kiel

46 Aus: Max Bolliger, Ein Duft von Weihrauch und Myrrhe. Weihnachtslegenden, © 2009 Verlag am Eschbach der Schwabenverlag AG, Eschbach/Mark-
gräflerland

47 Aus: Christa Spilling-Nöker, Vom Engel, der aus allen Wolken fiel – und andere Weihnachtsengelgeschichten © Verlag Herder GmbH, Freiburg i. Br.
²2006, S. 26–30

48 Verkürzt nach Dietrich Mendt

49 Aus: Georg Dreißig, Das Licht in der Laterne. © Verlag Freies Geistesleben &
Urachhaus GmbH, Stuttgart ¹¹2010

50 Max Bolliger © Lehrmittelverlag des Kantons Zürich

51 Aus: Claudia und Ulrich Peters, Es ist für uns eine Zeit angekommen. Schwabenverlag AG, Ostfildern 2005, S. 105. Originaltitel: Zeichen einer neuen Zeit

52 Frei nach Selma Lagerlöf, Die Heilige Nacht

53 Genaue Quelle unbekannt

54 Aus: Lene Mayer-Skumanz, Der kleine Hirte und der große Räuber © 2011 Bibliographisches Institut/Sauerländer, Mannheim

55 Aus: Max Bolliger, Ein Duft von Weihrauch und Myrrhe. Weihnachtslegenden, © 2009 Verlag am Eschbach der Schwabenverlag AG, Eschbach/Markgräflerland

56 Nach einer Erzählung von Heywood Broun

57 Hans Orths © Alle Rechte beim Autor (Originaltitel: Die Geschenke der Tiere)

58 Nach Albert Höntges

59 Aus: Die Sternsinger/Diaspora 4/2009, S. 18f.

60 Verkürzt nach Erich Roth, nach einer Begebenheit in der Stadtkirche zu O. im Jahre 1949

61 Quelle unbekannt

62 Aus: Max Bolliger, Ein Duft von Weihrauch und Myrrhe. Weihnachtslegenden, © 2009 Verlag am Eschbach der Schwabenverlag AG, Eschbach/Markgräflerland

63 Brüder Grimm

64 Frei erzählt nach einer russischen Legende

65 Hans Villinger, aus: Der Jugendfreund 47/2008, Verlag Der Jugendfreund, Leinfelden-Echterdingen © Rechte beim Autor

66 Gudrun Pausewang, aus: Kaiser, Erzählbuch zur Weihnachtszeit © Verlag Ernst Kaufmann, Lahr/Christophorus Verlag, Freiburg

67 Aus: Swana Seggewiß, Im Morgenkreis Advent feiern © Don Bosco Verlag, München 5. Auflage 2011

68 Verkürzt nach einem unbekannten Verfasser

69 Gefunden in: Kölner Kirchenzeitung, Sonderausgabe Adventszeit 2003, S. 8

70 Aus: Annegret Fuchshuber, Ich habe einen Stern gesehen © Verlag Ernst Kaufmann, Lahr

71 Ursula Möltner © bei der Autorin

72 Genaue Quelle unbekannt

73 Aus: Max Bolliger, Ein Duft von Weihrauch und Myrrhe. Weihnachtslegenden, © 2009 Verlag am Eschbach der Schwabenverlag AG, Eschbach/Markgräflerland

74 Nach Isolde Lachmann © Rechte bei Mattias Lachmann

75 Genaue Quelle unbekannt

76 Wolfgang Poeplau © Rechte beim Autor

77 Aus: Wolfgang Raible/Reinhard Abeln, Pausenzeiten für jeden Tag © Butzon & Bercker GmbH, Kevelaer, S. 27f, www.bube.de

78 Barbara Cratzius © Rechte bei Hartmut Cratzius

79 Willi Fährmann © Rechte beim Autor

80 Nach einer alten russischen Legende